EDUCAÇÃO AMBIENTAL
QUESTÕES DE VIDA

EDITORA AFILIADA

Coordenador do Conselho Editorial de Educação
Marcos Cezar de Freitas

Conselho Editorial de Educação
José Cerchi Fusari
Marcos Antonio Lorieri
Marli André
Pedro Goergen
Terezinha Azerêdo Rios
Valdemar Sguissardi
Vitor Henrique Paro

Dados Internacionais de Catalogação na Publicação (CIP)
(Câmara Brasileira do Livro, SP, Brasil)

Loureiro, Carlos Frederico B.
  Educação ambiental : questões de vida / Carlos Frederico B. Loureiro. — São Paulo : Cortez, 2019.

  Bibliografia.
  ISBN 978-85-249-2729-4

  1. Educação ambiental 2. Educação - Sociologia 3. Meio ambiente 4. Práticas educacionais 5. Professores - Formação profissional 6. Questões I. Título.

19-26284   CDD-304.2

Índices para catálogo sistemático:
1. Educação ambiental : Formação do sujeito ecológico :
   Ecologia humana   304.2

Iolanda Rodrigues Biode - Bibliotecária - CRB-8/10014

Carlos Frederico B. Loureiro

EDUCAÇÃO AMBIENTAL
QUESTÕES DE VIDA

1ª edição
2ª reimpressão

Apoio

EDUCAÇÃO AMBIENTAL: QUESTÕES DE VIDA
Carlos Frederico B. Loureiro

Capa: de Sign Arte Visual
Preparação de originais: Jaci Dantas
Revisão: Maria de Lourdes de Almeida
Diagramação: Linea Editora
Coordenação editorial: Danilo A. Q. Morales
Editora-assistente: Priscila Flório Augusto

Nenhuma parte desta obra pode ser reproduzida ou duplicada sem autorização expressa do autor e do editor.

© 2019 by Carlos Frederico B. Loureiro

Direitos para esta edição
CORTEZ EDITORA
R. Monte Alegre, 1074 — Perdizes
05014-001 — São Paulo-SP
Tel.: +55 11 3864 0111 / 3611 9616
cortez@cortezeditora.com.br
www.cortezeditora.com.br

Impresso no Brasil — maio de 2024

Dedicatória

À minha amada Lígia Loureiro, esposa, companheira e amiga, que me trouxe o gosto pelas coisas simples da vida e a alegria de viver.

Às minhas filhas Yashmin e Tainá, que me ensinaram a ser pai e que sempre estiveram ao meu lado, mesmo quando o trabalho me levou para longe.

Ao meu filho Vicente que está para nascer entre nós, no Àiyé. Fruto do sagrado amor, motivo de novas felicidades, chega para renovar a vida das pessoas próximas.

Agradecimentos

Sincera gratidão a todas as pessoas que militam nas lutas populares, que fazem a educação ambiental acontecer, e que participaram de minha vida, me constituindo no que sou hoje. A todos os povos tradicionais, em especial ao povo quilombola, aos trabalhadores e trabalhadoras, aos subalternizados com os quais convivi e que me acolheram com muito respeito e carinho. São eles e elas que me ensinaram o que entendo por educação e que mostram à sociedade, em sua forma dominante, com suas resistências, seus modos de vida e seus saberes, que é possível se relacionar com o mundo de maneiras não destrutivas, sendo justo, realista e necessário criar alternativas societárias para além do capital.

Meu muito obrigado ao querido amigo Jun Shimada, pelo apoio na versão final do texto e por ter se tornado meu principal interlocutor nas últimas publicações.

Expresso também minha gratidão e reconhecimento público de que cresci muito como ser humano ao compartilhar o aprendizado do sistema Ving Tsun com meus irmãos kung fu e com meu Sifu Ricardo Queiroz, líder da família Moy Ke Lo Si.

Por fim, meu profundo respeito às tradições africanas às quais pertenço — em particular às mães ekedi Sinha e iyá Torody, e ao irmão babalawo Ladislau — e aos povos de matriz africana, que lutam diariamente contra as violências, intolerâncias e preconceitos que estão na base do racismo. Somos todos filhas e filhos de África, e me enche de gratidão ter estado em suas terras, sentir sua força e nossa ancestralidade.

Se, na verdade, não estou no mundo para simplesmente a ele me adaptar, mas para transformá-lo; se não é possível mudá-lo sem um certo sonho ou projeto de mundo, devo usar toda possibilidade que tenha para não apenas falar de minha utopia, mas participar de práticas com ela coerentes.

(Paulo Freire, *Pedagogia da indignação*)

Sumário

Prefácio 13

BOAS-VINDAS, BOA LEITURA! 19
    A organização 24
    O título 29
    A perspectiva teórica crítica 32
    A questão ambiental no Brasil contemporâneo 36

MOMENTO I 47
    Não há modelo pronto! 48
    O diálogo 51
    Método: uma questão 57
    Atividade fim ou atividade meio? 62
    Arte como manifestação política 66
    Comunicação popular 70
    Teatro do oprimido 71
    Povos tradicionais como sujeitos prioritários 73
    Tradicionalidade 78
    Ancestralidade 87

MOMENTO II 91
   Questão ambiental no capitalismo 93
   Questões ontológicas para pensar a
   educação ambiental crítica 103

MOMENTO III 113
   Sobre o gênero (do relato autobiográfico) 114
   Primeiras sensibilidades, primeiras posições 116
   Tornando-se educador 121
   Das favelas à Rio-92 128
   Das ONGs ao Serviço Social para demarcar o
   campo crítico 137
   Consolidando o campo crítico nas políticas públicas 141
   Consolidando conceitualmente o campo crítico 153
   Reflexões sobre o momento atual 169

Palavras Finais 175

Referências 179

Prefácio

Neste livro, Carlos Frederico B. Loureiro conta sua história de militância, que faz a educação ambiental acontecer a partir da luta de povos por um mundo mais justo, menos destrutivo, para além da expropriação do capital. Não é possível compreender a educação ambiental crítica sem ler a vasta produção teórica do autor, mas este livro causa admiração porque congrega, com o dito em forma de síntese, o que antes não foi dito, que ficava escondido. Neste livro, Fred abre seu mundo e nos conta e responde a quase todas as perguntas que certamente ouviu durante seus anos de militante, professor, educador ambiental, sihing na família kung fu, irmão babalawo, filho da África, filho de mãe ekedi Sinha e iyá Torody.

É um livro em que o autor, lembrando-nos de Freire, mostra como se tornou coerente em suas práticas, que revelam suas utopias. É um livro que conversa com o leitor e a leitora, e quem conhece o autor — seja em seu cotidiano de subir os morros cariocas e dialogar com os meninos e as meninas de rua da favela, seja em sua produção teórica densa, profunda, crítica — sabe que ele aprendeu nessa lida a conversar com quilombolas, pescadores artesanais, caiçaras, agricultores e agricultoras familiares, tradições religiosas de matriz africana.

Conheço Fred desde o primeiro Encontro de Pesquisa em Educação Ambiental e sempre admirei o modo dialógico com que apresenta sua crítica a modos reducionistas e superficiais de compreender a educação ambiental e de apresentar razões históricas que sustentam práticas degradantes e injustas. A elas Fred se contrapõe, de modo que nada neste livro surpreende. Sim, tudo causa admiração, pois Fred não se perde na abstração teórica, por um lado, ou no vazio prático, por outro. Desde aquela viagem de Kombi, quanta vida passou!

Como autor que assumiu o pensamento crítico marxista, nesta obra ele mostra de forma nova e mais intensa um sentido de abertura otimista. Mostra um sentido unido ao real ao desmascarar sua dureza. Mas minha admiração vem disto também: neste livro, Fred ainda ficou maior, porque é um livro de escuta. Muitas vezes, quando o encontrei em bancas, palestras e eventos, pensei: será que ele tem vida além da ação social, da luta ambiental, da militância? Este livro mostra admiravelmente que sim. O autor não se conformou desde o início com o destino dado à população subalternizada, escravizada, empobrecida, e para isso apresenta num primeiro momento do livro a perspectiva teórica crítica para se contrapor, apoiado por Marx, Gramsci, Adorno, Marcuse, Walter Benjamin, Lukács, Che Guevara e Paulo Freire, a qualquer tipo de expropriação.

Vivemos um momento de superexploração na América Latina e no Brasil. Fred aprofunda a compreensão do leitor sobre essa dinâmica recente advinda do capital. O que nos apresenta é uma proposição de atuação crítica que possa ser emancipadora de modo que nossa atuação educativa — e aqui escrevo como professora — nos leve à compreensão da realidade e da responsabilidade de nossa atuação política. Vivemos o momento de chorar os mortos de Brumadinho e de ter medo, com todos os morros sendo dissolvidos em barragens espalhadas, que extraem nossos minérios e nos deixam mortes.

Como toda pessoa militante, Fred nos conta suas experiências de educação ambiental com povos tradicionais e já de início nos dá a primeira lição: não há receita de bolo a seguir. No entanto, deixa concretamente explícito que educação ambiental não é qualquer coisa, não pode tudo nem alcança todo sonho. Mas no livro nos apresenta o que entendo ser uma das garantias que leva em sua atuação política: o diálogo. Há uma explanação teórica sobre o diálogo que merece e precisa ser lida por todo educador para nos fortalecer em tempos de intolerância, individualismo e discursos anticientificistas, como os que estamos vendo em nossa população. E, atenta ao final, ressalto que qualquer panaceia educativa, ao abordar o diálogo, será apenas uma panaceia. Por isso é preciso saber por que se toma a decisão de trabalhar com quem e a favor de quem — ainda mais quando se pretende ou se trabalha com povos tradicionais sem a eles pertencer.

Mais que em todos seus textos anteriores, vejo Fred anunciar o inédito viável com uma coerência teórica e prática na concretude do real. E ele o faz exatamente em um momento em que vivemos críticas pronunciadas em chavões, esvaziadas de fundamento e difundidas em instituições públicas — especialmente as compostas por cargos eletivos. Assim, nos apresenta diretrizes que organizam atividades em uma perspectiva de educação ambiental crítica. Ler sobre como a arte, a comunicação popular e o teatro do oprimido podem contribuir para que os povos tradicionais sejam sujeitos prioritários da ação educativa torna o leitor mais consciente de que esses grupos estão em uma luta desigual. Fica da leitura a exigência ontológica à participação.

Para quem anda distraído ou não sabe, Loureiro mostra que o Brasil tem uma legislação específica e recente que trata dos povos tradicionais — que é exigência conhecer. A jovialidade legal mostra ao mesmo tempo sua fragilidade e a subalternidade do Brasil com relação a uma visão de mundo imperialista e eurocêntrica, esquecida de seus quatrocentos anos de escravidão.

Isso remete a um silêncio nos espaços educativos quanto ao reconhecimento da ancestralidade nas práticas de povos de matriz africana, que influenciaram e constituíram a sociedade e a cultura brasileiras. Mais uma virada de página do livro que derruba os que navegam em águas calmas da história brasileira de povo cordial e gentil.

É preciso, nos alerta, ir além do aparente e reconhecer e valorizar o legado dos saberes ancestrais. Retoma e realça a importância dos relatos e da contação de histórias, me lembrando de Walter Benjamin. Remete à compreensão de que passado e presente estão juntos, o que me lembrou do tempo-duração de Bergson, para além dos tempos medidos da produção capitalista que faz bem ao lucro. Por fim, apresenta o ciclo da ancestralidade, quando me lembra Gadamer.

O segundo momento do livro nos chama ao estudo para compreender a historicidade do pensamento e dos conceitos, apontando uma crítica severa e complexa ao capitalismo. Aborda as questões ontológicas em que cada um é um ser social; somos em comunidade. A leitura apresenta argumentos marxistas que reforçam e sustentam a importância da totalidade e o sentido transformador das relações sociais. A educação ambiental crítica não se realiza de dentro de um sujeito para o mundo externo. Acontece entre sujeitos, coletivamente.

A cada parágrafo, apresentam-se contextos práticos, teóricos, linguísticos e históricos que requerem atenção redobrada na leitura para mergulhar em sentidos da educação ambiental crítica. Fred não se esquiva de analisar o momento atual com as tentativas de remodelação — não só, mas em especial — do sistema educacional. Pululam propostas estapafúrdias num retrocesso inigualável, em que o ponto que tece as decisões para essas políticas está no indivíduo, na meritocracia e no mercado, à medida que também se percebe a retração da dimensão ambiental nas políticas públicas da educação.

Se, até o segundo momento, a leitura situa a educação ambiental crítica e a teoriza, o terceiro traz um dos grandes méritos deste livro: a escuta do autor às solicitações para a contação de sua história, pois a história de vida de um sujeito não se dissocia de sua atuação no mundo. A leitura da história de vida do autor contribui para compreender a educação ambiental. O cerne da questão, chama atenção o autor, é a possibilidade da reflexão no ato de escrever. E isso me lembrou que escrever é preciso, mas não navegar, como apontou Mário Osório Marques para a escrita como artefato transformador. O futuro não está dado, e Fred conclama cada um a assumir um caminho pessoal, mas coletivo para a transformação do presente.

Como está escrito em um gênero literário envolvente, não vou contar nada do que está dito, mas Fred nos apresenta esse ser-no-mundo heideggeriano com as disposições afetivas que perpassam os momentos de sua existência. Apresenta o ser histórico que, como afirma Gadamer, jamais se resolve em saber de si mesmo. Fred mapeia os afetos e decisões que lhe permitiram enraizar e justificar sua postura crítica. Finaliza reafirmando seu compromisso com os mestres das tradições e dos movimentos sociais para a discussão de questões e as tomadas de decisão conjuntas, que ainda precisam ser intensificadas na produção de conhecimento. Esse momento de escrita me lembrou Merleau-Ponty. Fred se apresenta para ele mesmo sendo no mundo. Como agora, situada a leitura no marxismo, o que Fred nos narra vale para além de sua experiência, porque suas ações e decisões estão colocadas em determinações histórico-sociais.

O mundo nos amedronta diante das crises que se apresentam — não só a ecológica, a ambiental mesma, como reforça o autor. Mas as alternativas estão — isso sim já adianto da leitura — na firme convicção na ação coletiva, no diálogo, e assim a educação ambiental crítica é uma contribuição efetiva para a esperança e a utopia. A crítica se faz necessária para que se possa viver e apreciar mais a vida em sua boniteza. Neste sentido, a leitura me exige clamar por liberdade aos injustamente condenados a viver menos da vida porque expropriados de sua condição de ser social, transformadores do mundo.

Não posso deixar de agradecer ao Fred por todas as conversas desde aquela viagem de Kombi e, agora, por ter lido em primeira mão esta boniteza de escrita.

Maria do Carmo Galiazzi
Professora titular
Universidade Federal do Rio Grande (FURG)
Cassino (RS), 1 de março de 2019

Boas-vindas, boa leitura!

Este é um livro com uma proposta diferente dos demais que já escrevi. Não é uma ruptura. Longe disso! Todos os textos publicados (artigos, livros, capítulos de livro etc.) são singulares, pois, a seu jeito, cada um é único em seu modo de abordar e responder a questões postas pelo campo da educação ambiental e pelos desafios inerentes à pesquisa acadêmica e à prática social. Expressam, de fato, um momento histórico. Ao mesmo tempo — e até por isso —, ao ser parte de uma vasta obra autoral elaborada ao longo de vinte anos, por meio dos quais publiquei intensa e periodicamente, o conjunto mostra dois traços fundamentais. O primeiro é um contínuo em termos de visão de mundo, posicionamento político e teórico. O segundo é a universalidade de uma produção textual voltada para a afirmação e consolidação da perspectiva crítica da educação ambiental como um contraponto à educação que reproduz as formas capitalistas de sociedade em seu modo burguês, com um padrão branco, heteronormativo, que tende a impor como válida unicamente a tradição religiosa judaico-cristã, negando frontalmente outras religiosidades ou mesmo a não religiosidade como escolhas pessoais.

Então o que há de peculiar desta vez?

Meu interesse em escrever um texto em diálogo, sem tanta ênfase em propiciar um debate teórico de elevada abstração conceitual. Melhor dizendo, um texto que busca conversar com o leitor por meio da descrição e reflexão conceitualmente rigorosa e coerente sobre aspectos que, para mim, se destacaram das experiências acumuladas junto a diferentes grupos sociais ao longo de 35 anos de trabalho na educação ambiental, com ênfase em processos não escolares.

Decidi por essa delimitação, entre outras que se apresentaram como oportunas, em função do que percebi em conversas com vários colegas em 2018, nas quais recorrentemente me pediram para escrever sobre a educação ambiental com quilombolas, pescadores artesanais, caiçaras, agricultores familiares, tradições religiosas de matriz africana etc. Admito que cheguei a ficar surpreso com a intensidade de colocações nessa direção em alguns eventos, o que pesou fortemente para meu convencimento e para me motivar a escrever um novo livro.

Sem dúvida, não há como negar que esses grupos sociais se tornaram a minha principal interlocução, há pelo menos quinze anos, e qualificaram minhas formulações teóricas e práticas. Além disso, assuntos relacionados a eles são muito menos comuns na literatura especializada do que a educação ambiental no contexto escolar, que responde, em média, pela metade do que é publicado em eventos científicos.

Aqui não é uma questão do que gosto ou se gosto mais ou menos, ou ainda de considerar a escola um aspecto secundário do debate em educação ambiental. Pelo contrário. A escola é a forma principal pela qual a educação se realiza nos moldes configurados na modernidade capitalista, e é indispensável e estratégica nas lutas dos trabalhadores pela emancipação humana. Não por acaso, várias lutas dos trabalhadores precarizados em seus processos de trabalho e dos povos tradicionais expropriados dos seus meios de produção da vida e espoliados em seus direitos são direcionadas à garantia da educação escolar, pública e adequada às suas necessidades. Não há dúvida de que conquistar um sistema educacional público, conduzido pelo povo, é uma das condições elementares para as transformações sociais que se mostram urgentes (Souza; Loureiro, 2018).

Além disso, as experiências escolares foram decisivas em minha vida, a começar com o trabalho junto aos "meninos e meninas de rua" na escola Tia Ciata, na década de 1980, um dos meus pontos de partida. E foram igualmente constitutivas de minha trajetória; logo, do que entendo e teorizo sobre a educação ambiental crítica, as constantes defesas da escola pública e dos trabalhadores da educação em várias construções de políticas públicas e processos formativos em estados e municípios.

A educação é uma dimensão indispensável do tornar-se humano. Por isso, sabendo ou não desse estatuto ontológico, em que o indivíduo só o é em sociedade, tanto se fala da educação como condição para qualquer transformação social. Contudo, enquanto um processo de socialização e aprendizado, é sempre oportuno lembrar que, ao mesmo tempo em que é indissociável dos movimentos transformadores, é igualmente elemento de reprodução das relações dominantes, uma vez que se realiza em sociedades determinadas e atende a certos fins quando é instituída.

Teoricamente, é possível definir a educação como uma prática social cujo fim é o aprimoramento humano naquilo que pode ser aprendido, criado e recriado a partir dos diferentes saberes de uma cultura, de acordo com as necessidades e exigências de uma sociedade. Atua, portanto, sobre a vida humana em dois sentidos: no desenvolvimento da produção social como cultura — inclusive dos meios instrumentais e tecnológicos de atuação no ambiente — e na construção e reprodução dos valores culturais.

Assim, a educação, antes de ser um procedimento formal de escolarização, é um processo livre — em tese —, de relação entre pessoas e grupos, que busca maneiras para reproduzir e/ou criar aquilo que é comum — seja como trabalho ou estilo de vida — a uma sociedade, povo, grupo ou classe social.

As sociedades modernas capitalistas introduziram a necessidade das escolas em seus formatos atuais como meios para a universalização da escrita, de conhecimentos científicos relevantes para a industrialização e a sociabilidade burguesa, disciplinando corpos. Isso afetou largamente, entre outras, as tradições orais e a aprendizagem pelas linguagens corporais, por meio das quais os saberes são muito mais territorializados e os processos sociais possuem ritmos distintos da velocidade acelerada do ciclo de produção material exigido pelo capital.

Esse modelo de educação trouxe mudanças culturais e possibilidades incríveis de universalizar conhecimentos e técnicas socialmente válidas, aumentando potencialmente a qualidade e o tempo de vida. Isso coloca a escolarização como exigência para a realização e sobrevivência individual se desejarmos obter certo grau de convivência na sociedade dominante, inclusive podendo questioná-la. Entendendo aí sua importância e seus limites — portanto, as contradições em que se insere —, as escolas, em uma perspectiva emancipatória, não podem ser apenas para tornar a pessoa apta para o convívio social e para o mercado de trabalho segundo normas preestabelecidas, mas para formá-la como cidadã, capaz de conviver em sociedade e, mais do que isso, de decidir sobre como deve ser a sociedade em que se quer viver.

Emancipação, para o pensamento crítico, é o movimento histórico realizado por pessoas postas em condições objetivas de dominação e subalternidade produzidas pelas formas de expropriação capitalistas e pelas relações alienadas que as constituem. Assim, não é um ideal de libertação pessoal de "amarras" abstratas, nem é a ação de um indivíduo isolado e racionalmente preparado para agir, mas a superação objetiva das relações sociais que nos limitam enquanto humanidade e impõem uma forma destrutiva de nos relacionarmos com a natureza. É uma possibilidade histórica relativa a todos. Por isso, essa discussão, que parece ser tão somente social, é vital para as questões ambientais.

Como disse anteriormente (Loureiro, 2007, p. 160):

> O processo emancipatório almeja, portanto, a construção de uma nova sociabilidade e organização social na qual os limites que se objetivam na política, na educação, nas instituições e nas relações econômicas possam ser superados [...]. Processo que visa garantir aos diferentes agentes sociais efetivas condições de participar e decidir, sob relações de produção que permitam a justa distribuição do que é socialmente criado (alimentos, remédios, roupas, utensílios para proteção, educação, arte, ciência etc.) para que a nossa espécie alcance novos modos de viver e se realizar na natureza e não "contra a natureza".

A escolha de não trabalhar o universo escolar, portanto, decorre da consciência da centralidade da educação na formação de nossa humanidade — sem negar a escola — e da certeza de que o processo educativo não escolar ganhou contornos novos, principalmente quando se pensam grupos sociais profundamente afetados pelo avanço da destruição ambiental.

Refere-se, outrossim, ao que se mostrou mais oportuno para mim diante do que estamos vivendo no país — assunto sobre o qual falarei adiante —, considerando conversas com outros educadores ambientais e meu momento na educação, com laços profundos vinculados aos povos tradicionais.

Nem por isso, cabe dizer, certas discussões práticas e considerações teóricas que daí emergem deixam de ser interessantes para pensar a educação ambiental que acontece nas escolas. Há princípios, diretrizes, orientações metodológicas e aprofundamentos teóricos que servem para entender o que é a educação em uma sociedade de classes e a especificidade da educação ambiental crítica, com as devidas mediações, que se realiza em múltiplas esferas sociais que constituem a condição humana.

A organização

Em termos de organização, pensei o livro em três momentos de uma escrita, que parte de uma introdução que convida à leitura e já traz algumas questões, argumentações e conceitos que situam a delimitação e o tema maior que se expressa no título do livro.

O Momento I caminha para a descrição sistemática de aspectos identificados na prática social, sem com isso deixar de teorizar as problematizações feitas. Para tanto, começo com algumas discussões que permeiam o conjunto dos projetos e iniciativas de educação ambiental com povos tradicionais. Em seguida destaco a questão da arte e das metodologias da comunicação popular e do teatro do oprimido como possibilidades integradas no ato educativo que apresentaram resultados fantásticos na última década. Termino com uma discussão sobre tradicionalidade e ancestralidade — dois conceitos com implicações agudas na prática. Sem a compreensão dos mesmos e de como as pessoas se mobilizam em torno deles, é muito difícil estabelecer um diálogo aberto e sincero no processo educativo com os povos tradicionais.

No Momento II, reforço, de modo breve, fundamentos teóricos, principalmente no que se refere a questões ontológicas da educação e do ser humano em sociedade e em suas interações com a natureza, que se mostram de grande valor para construir práticas críticas e entender os porquês de certos princípios e diretrizes que regem tais práticas e atividades.

O terceiro e último momento nos leva aos motivos dessas teorizações, priorizações e posicionamentos por meio de uma história pessoal, contada de modo a trazer à tona um percurso em sua relação com a materialização da educação ambiental crítica no Brasil.

Como me assumo um educador que adota o pensamento crítico marxista, a separação entre teoria e prática é algo a ser evitado, devendo ser respeitada a construção praxiológica do conhecimento — o que exige elaborar conceitos a partir da materialidade e na atuação no mundo. Isso não significa subordinar teoria à prática, mas pensar a unidade dialética teoria-prática. Esse movimento defendido não é simples, e é comum encontrar, mesmo entre os críticos, abstrações, modelagens do real e formalismos conceituais que negam o próprio método desenvolvido em Marx (Chasin, 2009).

O rigor no ato de conhecer é fundamental para agir no mundo e afirmar ou superar algo na vida. Mas o conhecimento não leva a um estado racional puro e a uma escolha livre das condicionantes sociais. A atividade práxica é prenhe de contradições, tensões e argumentos racionais que trazem irracionalidades, emoções e desejos. Não são aspectos estanques, e sim constitutivos do próprio ato criativo que opera em nossa ação.

O questionamento ao conhecimento científico que se faz, inclusive na Academia, como se este fosse obrigatoriamente descolado da materialidade dos processos sociais, como puro exercício abstrato ou reafirmação do pensamento dominante, é válido. Porém, não pode cair em uma generalidade negadora da ciência — que é uma forma de saber, e não a única — e da função social da Academia, invisibilizando grupos que produzem conhecimento socialmente engajado e comprometido com as lutas populares. É preciso especificar de que abordagem de ciência se está falando, qual racionalidade científica se está criticando, quais seus agentes sociais e quais os interesses relacionados.

Colocar tudo no "mesmo saco" abre espaço para os absurdos contemporâneos de anti-intelectualismo e relativismo, que tornam equivalentes crença e conhecimento — ou ainda suposição pessoal e evidência científica — na explicação dos fenômenos e fatos sociais e no debate público que orienta as decisões políticas.

Não por acaso, estamos em tempos em que se nega o aquecimento global, se relativiza a destruição da biodiversidade, se formulam ações com base na ideia de Terra plana, entre outras mais...

Junto a isso, há uma forte preponderância na educação ambiental de um discurso que hipervaloriza a prática ou a considera a única dimensão válida no enfrentamento dos problemas ambientais, como se a teoria fosse algo secundário diante da urgência dos desafios. É como se não houvesse tempo a perder com questões teóricas que não levam a resultados imediatos, cabendo, portanto, a ação rápida e direta para conter a destruição em curso. Uma de suas características marcantes é associar, de modo imediato, a solução da crise com a ação pragmática diante da indiscutível gravidade do atual momento histórico quanto à possibilidade de reprodução da vida sob premissas de justiça social e ambiental e respeito ao outro.

Aqui há pelo menos uma questão a ser comentada, partindo-se da premissa consensual de que não há mesmo tempo a perder: nossa atividade no mundo não é descolada da materialidade das relações sociais que nos constituem. Ou seja, agimos nas relações sociais que contraímos, sob certas condições que determinam os sentidos e intencionalidades presentes no momento da realização prática. Como disse Marx (2011), fazemos a história, mas a fazemos sob certas condições dadas, resultantes de um processo que nos antecede e com as quais nos defrontamos em nossa atividade no mundo e a partir das quais nos constituímos e as transformamos.

Criar algo novo pela prática não significa de modo imediato que esse novo seja no sentido de supressão de relações identificadas como expropriadoras e destrutivas da natureza. O novo, dependendo do contexto, pode ser apenas a criação de mecanismos menos prejudiciais a certos aspectos ambientais, que garantem o uso prolongado de recursos naturais sem implicar mudanças qualitativas.

O praticismo conduz a uma ação espontânea sem a devida reflexão crítica, tendendo a reproduzir o padrão de relações já vigentes, assim tornadas fatos consumados. Isso estabelece mecanismos de violência simbólica que legitimam a dominação de classe e o preconceito sobre modos de organização cultural e econômica de grupos que não se enquadram nos ditames do capital (Bourdieu, 2007; 2005). A prática não reflexiva facilita a reincidência de comportamentos racistas, sexistas, intolerantes com religiões não dominantes, e o reforço de ideologias que concebem o indivíduo como um eu sem o outro, que se basta e que concebe, representa, significa e age sem o outro.

O teoricismo, por sua vez, também tem que ser comentado e criticado firmemente. Significa a defesa de que é possível a formulação racional livre por parte de um indivíduo, que se realiza por meio do uso rigoroso do formalismo científico, sendo este responsável por conduzir a humanidade à felicidade. Seu pior efeito social não é a produção abusiva de textos inócuos, mas a legitimação implícita de que há uma hierarquia natural entre ilustrados — iluminados que adotam o método correto para pensar — e populares — sem a racionalidade desperta e o método para pensar o mundo.

Intimamente associado ao teoricismo está o idealismo. Esse parte de um entendimento de que o mundo material nada mais é do que a expressão ou resultado dos sujeitos em sua capacidade racional ao agir e produzir. Aqui, tudo depende de conhecimentos, valores, vontades e intenções pessoais. Se desejamos o bem, a vida se tornará boa. Logo, se todos forem bons, não haverá o que temer: a vida será boa e a sociedade, harmônica. Quando se age sob princípios racionais balizados cientificamente, torna-se possível fazer a gestão correta do ambiente. Adotadas as tecnologias certas, os problemas ambientais estarão sob controle. É como se tudo começasse e terminasse no interior de cada um em sua individualidade e racionalidade, sem mediações.

Supor que o comportamento humano se define exclusivamente no momento de uma escolha feita racionalmente, com base em conhecimentos e valores fora das relações sociais, é desprezar que a possibilidade da escolha é socialmente condicionada. Além disso, os comportamentos são ações objetivas no mundo.

Vamos resumir esta conversa: o equívoco do teoricismo é se pautar na transmissão de conhecimentos sem estabelecer o nexo entre eles e a realidade, explicitando as relações sociais inerentes ao que se apresenta como questão. Logo, no processo educativo, fica o conteúdo por ele mesmo, como se sua transmissão fosse suficiente para gerar sua apreensão e consequente mudança de atitude. Ou, o que parece mais grave, como se o ato de transmitir algo fosse apenas para fins de cumprimento de uma formalidade da educação, um rito de passagem socialmente exigido para a obtenção de determinada certificação que autoriza determinada prática. Isso, sem dúvida, deve ser denunciado e superado.

O equívoco do praticismo está em buscar estritamente os meios para a satisfação de necessidades e problemas vistos como imediatos. Sem elementos teóricos satisfatórios, não se cria capacidade de explicação das complexas relações em que estamos inseridos, nem de reflexão crítica e autocrítica do que se faz na prática social. Isso é igualmente algo a ser superado, uma vez que limita a disposição coletiva e individual de intervenção social.

Como nos diz Saviani (2008, p. 122-123), pensando estritamente o contexto escolar, mas em uma colocação que é válida para a educação em sua totalidade:

> Na raiz do dilema, está um entendimento da relação entre teoria e prática em termos de lógica formal, para a qual os opostos se excluem. Assim, se a teoria se opõe à prática, uma exclui a outra. Portanto, se um curso é teórico, ele não é prático; e, se é prático, não é teórico. E, na medida em que o professor é revestido do papel de defensor da teoria enquanto o aluno assume a defesa

da prática, a oposição entre teoria e prática se traduz, na relação pedagógica, como oposição entre professor e aluno. No entanto, admite-se, de modo mais ou menos consensual, que tanto a teoria quanto a prática são importantes no processo pedagógico, do mesmo modo que esse processo se dá na relação professor-aluno, não sendo, pois, possível excluir um dos polos da relação em benefício do outro. Dir-se-á, pois, que teoria e prática, assim como professor e aluno são elementos indissociáveis do processo pedagógico. Nestes termos, a saída do dilema por um ou por outro de seus polos constitutivos revela-se igualmente difícil e, no limite, impossível. Eis por que as duas tendências pedagógicas vigentes na atualidade resultam igualmente incapazes de resolver o dilema pedagógico.

Pensar criticamente exige compreender as múltiplas determinações da realidade em seu movimento, a indissociabilidade entre as dimensões da vida social em um contexto histórico específico. Nesse sentido, cabe terminar lembrando que, para os críticos, conceitos e categorias são apreensões de momentos do real, determinações da existência. Assim, não podem ser cristalizados e nem concebidos como um *a priori* que define a materialidade do mundo. Devem ser interpelados e atualizados na prática social, e, ao mesmo tempo, interpelar o mundo aparente no processo de explicação e compreensão da realidade. E esse é um dos sentidos de práxis educativa em Paulo Freire (Costa; Loureiro, 2015).

O título

Pensei em um título que trouxesse o que é central para mim na educação ambiental e que expressasse a unidade teórico-prática desejada com os momentos do livro: a vida. O direito de estar vivo, o entendimento da natureza como unidade viva, são os princípios de onde se parte para a construção dos argumentos e que atravessam toda a escrita. Vida pensada como movimento, relacionamentos e relações, pulsões e ciclos, reprodução e evolução. Vida e natureza estão intimamente ligadas: natureza é o que existe, e o é como unidade vital em suas infinitas manifestações conhecidas, supostas ou desconhecidas.

Se a vida é o cerne do processo educativo ambiental, sua defesa intransigente é uma exigência. Com isso, não só se devem buscar outras relações com a natureza — por meio de tecnologias, técnicas, comportamentos, atitudes etc. —, mas a problematização permanente da realidade social em que a vida humana se dá com vistas à superação de modos de produção da vida que levam à exploração, à normatização homogeneizadora, à destruição por interesses econômicos, à perda da diversidade social e biológica, à desigualdade que gera sofrimento e falta de condições de se viver para além de sobreviver.

A vida aqui também foi pensada como o tratamento textual de questões da vida diária, cotidianas e da prática social, que determinam a educação ambiental com diferentes públicos. Esse aspecto se expressa de modo mais agudo no Momento I, quando chamo a atenção para as exigências do fazer educação ambiental com povos tradicionais.

Vida concebida como a vida social, a existência social humana, o tornar-se humano ou humanizar-se. Essa é a ênfase do Momento II, quando procuro teorizar, a partir da matriz crítica marxista, sobre a condição ontológica humana — o que passa pela radicalidade do entendimento de um pensamento relacional em que o eu só pode ser concebido na relação com o outro, formando uma unidade do diverso. Todavia, o ser-com, nessa perspectiva teórica, só pode ocorrer em sociedades historicamente determinadas, ou seja, não é suficiente admitir que o outro constitui o eu, mas que essas relações são sociais e históricas e se configuram em arranjos que estabelecem o campo de possibilidades humanas e a consciência do tempo histórico.

Para o pensamento crítico, o eu contra o outro — ou, pior, o eu que busca ser sem o outro — é um fenômeno histórico, decorrente de relações sociais contraídas no modo de produção capitalista, que se constituiu permeado por ideologias como o positivismo, o cartesianismo, o individualismo metodológico, o neoliberalismo, o ultraliberalismo, o subjetivismo. Essa é a forma social do individualismo egoísta, inerente ao estranhamento gerado pela apropriação privada dos meios pelos quais produzimos, atendemos necessidades e transformamos o mundo. O fetiche da mercadoria, o mundo de coisas que são trocadas, a redutibilidade do ser humano a uma mercadoria que compra mercadorias e as troca por outras como fim em si mesmo, propiciam um entendimento fragmentado da natureza e do que é humano, posto que só se pode aceitar vender algo se a unidade da vida é esfacelada em partes aparentemente isoladas.

Por fim, trago o sentido de vida que está indicado no Momento III: a minha vida. A vida de alguém que tem atuação pública como educador, professor, escritor, palestrante, militante, e que em sua trajetória como pessoa fez escolhas, teve motivações específicas em função do potencial de cada situação vivida. O relato autobiográfico, que resume o terceiro momento, se torna minha aposta nesta configuração do livro. É um gênero literário que vem retomando espaço na Academia e se mostra interessante para a compreensão da configuração de campos sociais em que nos encontramos e criamos. É um caminho de diálogo mais "íntimo" comigo, o autor, desejando que contribua para reflexões pessoais e para atender a algumas necessidades manifestas em dúvidas sobre a educação ambiental crítica, com as quais convivi em diversas ocasiões pelo país.

A perspectiva teórica crítica

A "espinha dorsal" da construção teórica que faço é bastante conhecida do público leitor de meus livros e artigos: toda a larga, complexa, contraditória e extensa tradição inaugurada por Karl Marx. É curioso observar que, após tantas tentativas de sepultar definitivamente a crítica marxista e seus autores — sejam eles intelectuais e/ou militantes de movimentos sociais, sindicatos e partidos políticos — e de tantos renascimentos desses, estamos em um momento histórico em que uma direita ultraliberal e fascista ascende em alguns países com um discurso de ódio e perseguição a nomes como Marx, Gramsci, Adorno, Marcuse, Walter Benjamin, Lukács, Che Guevara e Paulo Freire. É no mínimo curioso buscar entender o que gera tamanha fúria ideológica diante de nomes que teimam em rotular como ultrapassados e que se apresentam cada vez mais oportunos de serem lidos e estudados, ao trazerem indispensáveis conhecimentos para o entendimento da crise societária em suas faces mais bárbaras na atualidade.

Igualmente curioso — e indicativo de leituras rasas ou não feitas — é observar que parte do próprio campo das esquerdas rotula as categorias e o método em Marx como superados por questões da atualidade, desconhecendo o fundamento do pensamento marxiano no entendimento da dinâmica das sociedades dominadas pelo sociometabolismo do capital. Fica-se preso a afirmações isoladas e datadas ou a posicionamentos que se configuraram em contextos determinados de disputas políticas e partidárias, abstraindo os conceitos do momento em que foram pensados. Compartilho a posição de que o largo leque prático--epistêmico iniciado com Karl Marx é um horizonte teórico dos mais potentes para entender as formas sociais capitalistas e suas implicações sobre a vida.

O pensamento crítico marxista é uma ontologia da atividade, das objetivações no ser/transformar o mundo. Para esta, a pessoa é o sujeito que trabalha e, na produção dos meios de vida, produz uma totalidade mutuamente determinada entre trabalho-linguagem-sociabilidade (Dussel, 2018). Portanto, aqui não cabem as lutas identitárias e por direitos que não sejam pensadas, concebidas, organizadas e realizadas na unidade da produção e reprodução de modos de vida. As lutas são integrais na existência material e histórica, no modo como uma sociedade se estrutura, distribui a riqueza social, legitima verdades e culturas, confere direitos e organiza o Estado.

A atividade humana é diversa em seu ato, pois toda práxis é social e, portanto, é generificada, racializada, sexualizada etc., ao mesmo tempo em que é o momento unificador, criador da generalidade humana, "na medida em que todo corpo que trabalha, diversamente constituído, participa na reprodução de uma realidade social compartilhada, e é uma expressão desse todo social" (Ferguson, 2017, p. 30).

O trabalho, enquanto metabolismo sociedade-natureza, produção material presente na práxis, é visto como momento fundante não porque é mais ou menos importante ou porque tenha qualquer pretensão de antecedência nos fenômenos históricos, mas sim porque é ontologicamente a exigência material para que aquilo que é estritamente social aconteça. O trabalho é determinante porque não pode existir um mundo da linguagem sem um mundo criado pelo trabalho e criador da existência humana. E, por sua vez, a linguagem e a sociabilidade são determinações que aí se definem, pois não há existência social sem significados, sentidos e a possibilidade de criação e transmissão de culturas.

De modo sintético — que no Momento II será melhor explicado —, para o pensamento crítico, o fruto do trabalho humano em nossa sociedade, a riqueza material e imaterial produzida ao longo da história humana na Terra, é apropriada por quem detém a propriedade dos meios sociais de produção. Esses detentores de tecnologias, bens naturais, conhecimentos e saberes controlam e organizam os processos econômicos e o Estado, tornando a capacidade criativa e a liberdade limitadas e as relações sociais, alienadas. Assim, a vida é reduzida a um amontoado de coisas — a rigor, é negada. Logo, faz todo sentido falar em emancipação enquanto horizonte de luta e parte dos movimentos de resistência e transformação social.

O sociometabolismo do capital é alienado — produz o estranhamento, a cisão eu-outro —, ao passo que, como afirmado por Marx (2008), as relações sociais se dão à medida que o indivíduo é alienado:

- de seu ser genérico, uma vez que a propriedade privada fragmenta as relações humanas baseando o ser mesmo das pessoas em suas posses;
- do produto de seu trabalho, à medida que a propriedade privada dos meios de produção dá a seu proprietário o resultado do trabalho de outro indivíduo e define sua gestão e uso;
- em relação a si mesmo, já que não reconhece no produto de seu trabalho algo representativo de sua própria humanidade e de seu poder criador;
- em relação ao seu semelhante, visto que a relação de apropriação e expropriação dos meios de produção da vida social traz consigo uma fragmentação essencial e "turva" a capacidade de entendimento de que o outro não é uma externalidade com a qual interajo, mas é parte mesmo do eu;
- da natureza, que, para ser fragmentada e vendida, precisa ser posta em uma condição de separação da humanidade e estritamente de fonte de recursos, dominada e controlada.

Portanto, a universalidade das categorias utilizadas no pensamento crítico toma como princípio o fato de que as sociedades capitalistas, expressas em múltiplas formas por diferentes países e universalizada em sua dominância social no mundo, engendra relações sociais de subsunção formal das pessoas à sua mercantilização. Isso, por sua vez, impossibilita o estabelecimento de uma reprodução social com lastro no potencial humano, transferindo o produto do trabalho humano em valor excedente para o capital. Nesse sentido, o caráter classista intrínseco ao capitalismo formaliza verticalmente a propriedade dos meios de produção junto a poucos indivíduos. Com isso, a grande maioria da população é deixada à mercê das margens de lucro e dos baixos salários em condições que beiram a subsistência, ou das formas variadas de expropriação — das terras/territórios, conhecimentos, saberes etc. — necessárias à acumulação de capital e à reprodução social (Loureiro; Silva Neto, 2018).

A perspectiva crítica, por ser um tipo de pensamento que se organiza em um método dialético, relacional e histórico, propõe que o determinante, para fins de conhecimento da dinâmica social, é reconhecer que são as diferenças específicas de uma forma social que constituem as mediações sociais fundamentais, sem as quais não se consegue compreender as relações e as totalidades às quais pertencemos. Torna-se, assim, equivocado estabelecer analogias atemporais e generalizações sem historicidade — o famoso "sempre foi assim..." em um tom conformista —, que acabam por colocar na humanidade abstrata uma culpabilização sobre a destruição ambiental que pouco ou nada contribuiu para avançar nos debates e formular alternativas viáveis.

Com isso, na educação ambiental crítica, não se parte de um abstrato "o que é o ser humano", mas sim de "qual ser humano é possível em cada uma das distintas sociedades e modos de produção da vida". Trazendo mais ainda para o que é concreto no capitalismo, repito uma questão presente em Machado (2018): "como o homem se separou das condições objetivas de sua existência e foi levado a vender a sua força de trabalho no mercado para sobreviver?". Quais as implicações disso para se pensar a figura humana, nossas vidas e as interações metabólicas com a natureza não-humana, transformada pelo trabalho humano, contemplada, admirada, ignorada, conhecida ou desconhecida?

A questão ambiental no Brasil contemporâneo

Há atualmente um conjunto enorme de dados, gráficos, tabelas, e séries históricas com informações sobre a inquietante velocidade em que estamos envenenando nossos corpos, destruindo rios, ecossistemas e biomas, eliminando espécies que viveram sobre a Terra por muitos anos antes de nossa existência e matando pessoas de fome e doenças — mesmo em uma época que dispõe de meios técnicos e produtividade para atender a todos.

É fato que as informações fruto de pesquisas sérias indicam uma crescente piora na saúde planetária, com uma aceleração de perdas a partir do século XX, ainda que muitos olhem para isso como se nada estivesse acontecendo e busquem argumentos fantasiosos para justificar o injustificável. A negação da realidade ou a reprodução discursiva de verdades parciais é feita como mecanismo ideológico de legitimação de práticas culturais e econômicas que asseguram privilégios de classe: o famoso "o outro desperdiça e consome demais, eu nem tanto".

O conceito de *habitus* de Bourdieu é um recurso importante para entender o que estamos argumentando. Para o sociólogo, em uma sociedade de classes, há um conjunto de bens de consumo, escolhas e práticas culturais que são utilizados para classificar e separar as pessoas a partir do que comem e vestem, em que se trabalha, qual religião se pratica, onde se desfruta de lazer etc. Portanto, o *habitus* de classe, ao fazer a distinção entre grupos em relações desiguais, expressa a aceitação social de certos estilos de vida vistos como ajustados à condição socioeconômica e ao lugar de tais grupos nas relações de produção (Bourdieu, 1996). Resumidamente, aquele que pertence às classes dominantes considera "normal" controlar a produção de mercadorias e consumir como consome, dissociando a demanda por recursos naturais de seu modo de vida. Não por acaso, tendem a atribuir os impactos ambientais a um genérico crescimento populacional, como se todos tivessem a mesma intensidade de consumo e responsabilidade na produção.

Tão grave quanto a reprodução dessas relações sociais é a hegemonia de um discurso que diz que todos podem igualmente alcançar esse patamar — destrutivo — se houver esforço pessoal, responsabilizando os indivíduos e institucionalizando a meritocracia (Loureiro; Barbosa; Zborowski, 2012). Tal lógica argumentativa traz também uma ideologia do progresso e do desenvolvimento como etapas lineares a serem cumpridas sucessivamente, associando bem-estar e qualidade de vida com o padrão das classes dominantes, que só existe por ser desigual a produção e distribuição da riqueza social.

Enfim, somos a primeira espécie que efetivamente conseguiu não só produzir extinções em massa na natureza, mas universalizar um modo de produção que coloca como possibilidade concreta o nosso fim no planeta. Não se trata do fim do planeta, mas de nossa existência e de outras espécies que coabitam a Terra conosco.

Não trago alguns desses números porque a mudança anual é grande, e um livro tem um tempo de interesse à leitura maior do que isso, gerando defasagem rápida na informação disponibilizada. De qualquer forma, há instituições de pesquisa confiáveis com informações e análises de fácil acesso que reiteram o que coloquei, se é que alguém que trabalha com a questão ambiental tem alguma dúvida quanto à gravidade da crise ambiental e societária em que estamos mergulhados.

No Brasil, o ritmo se acelerou desde 2016. Antes a situação já estava longe de ser considerada satisfatória, mas é fato que vem se intensificando: o desmatamento, a flexibilização de direitos trabalhistas e sociais, a redução e flexibilização de políticas ambientais e de normas da vigilância sanitária visando a liberação do uso de venenos na agricultura e de empreendimentos de mineração com impactos devastadores, além das constantes pressões sobre as unidades de conservação. Isso ocorre em um cenário de desindustrialização nacional, aumento da dependência dos mercados e tecnologias internacionais, privatização e transformação de direitos em serviços privados sob a legitimação estatal.

O que me interessa trazer neste momento é um pouco dos motivos históricos que levaram a esses fenômenos, contextualizando o que será trabalhado no que chamei de Momento I. Trago determinações gerais para além de acusações pessoais — por vezes necessárias, mas insuficientes — ou de análises particularistas de fenômenos isolados que pouco ajudam ao ficarem em um plano de justa indignação e julgamento moral quanto à constatação dos efeitos do processo destrutivo.

Dussel (1993), na obra clássica *1492: O encobrimento do outro*, destaca que o projeto de expansão do modelo eurocêntrico de civilização se inicia ao final do século XV a partir de práticas econômicas e políticas decisivas para a consolidação do capitalismo como forma social dominante na Europa. Isso se deu com base em um duplo movimento. A expansão do comércio e das trocas mercantis, a violenta apropriação privada das terras e a eliminação pela força militar e de Estado de toda e qualquer outra forma de sociabilidade comunitarista, não patriarcal e religiosamente plural que não fosse compatível com o projeto burguês de sociedade na própria Europa (Federici, 2017). Junto a esse movimento interno, o encobrimento, a subalternização ou mesmo a eliminação de outras civilizações, povos e costumes nas Américas e posteriormente em África com a colonização. Isso se deu por meio do saque brutal de seus saberes e riquezas naturais e do esmagamento de outras sociabilidades que não fossem as impostas desde a Europa.

A compreensão desse momento originário da civilização vigente é importante para evitar posições teóricas que tratam o eurocentrismo como uma localização física e homogênea, como se toda a Europa ou qualquer tradição de lá oriunda fosse necessariamente burguesa, branca, cristã e heteronormativa. Isso é uma simplificação que não só perde as mediações sociais, como ignora processos históricos de organização de países, e as complexas relações entre Estados-Nação e classes na modernidade capitalista (Dussel, 2008). Cabe ressaltar que ao longo da história recente, no Brasil, frações das classes dominantes se beneficiaram largamente, em termos políticos e econômicos, das práticas oriundas desde os países centrais do capitalismo, assimilando e reproduzindo suas culturas. Atuam também, nessa dinâmica, no cenário internacional na manutenção desse padrão societário, de divisão internacional do trabalho e de acumulação de capital.

Uma das questões centrais da linha de argumentação crítica aqui adotada é que o eurocentrismo colonial não é apenas a afirmação de um projeto societário criado na Europa que chega a outros lugares. É a materialização de um projeto civilizatório que, para ocorrer, exigiu obrigatoriamente a negação do outro em qualquer lugar, uma vez que as relações sociais fundadas na produção de mercadorias, na apropriação privada, na exploração do trabalho e na expropriação de meios de vida — territórios, técnicas, saberes, culturas etc. — exigem a universalização de um padrão único de sociabilidade, seus valores e culturas.

A opressão colonial originária (pelo domínio político, econômico e cultural desde o país colonizador) e as práticas imperialistas atuais (por intermédio principalmente da ação monopolista em setores econômicos e o avanço do capital financeiro, assegurados pelos Estados-Nação) tiveram suas consequências, como o extermínio de populações originárias e negras, expropriadas em seus saberes e territórios e explorados em sua força de trabalho. Geraram também a devastação de ecossistemas e a ocupação violenta do campo, a expulsão de populações para privatização de territórios e a extração intensiva de recursos do solo e do subsolo, dentre as consequências mais evidentes. Tais práticas asseguraram a acumulação do capital originalmente na Europa e sua reprodução expandida, com posterior ampliação da forma social capitalista pelo mundo (Marx, 2013).

Assim, no capitalismo eurocêntrico materializado na América Latina, a subordinação de povos originários, negros e mulheres, a negação de outras culturas e a demonização de outras religiões eram e continuam sendo uma condição não somente para a acumulação de capital, mas para a normatização de uma sociabilidade que hoje se pretende natural e a única verdadeira diante de qualquer questionamento. É nessa condição objetiva que nasce uma ideologia arraigada de superioridade racial, de características pejorativas (indolência, preguiça etc.) inatas a certas etnias, como forma de legitimação das violências e das injustiças.

Pensando em termos ambientais nessas relações de dependência, a América Latina permanece servindo aos interesses hegemônicos dos países industrializados por meio da exportação de produtos primários. Estes são vendidos a preços baixos, embora produzidos a elevados custos à biodiversidade e aos ecossistemas e de tempo de trabalho, com condições de vida precarizadas para os trabalhadores, configurando o que é denominado de superexploração (Luce, 2018).

> A vocação exportadora presente em todos esses padrões, apenas atenuada na curta vida do padrão industrial, cria o cenário propício para que o capital gere estruturas produtivas afastadas

das necessidades da maioria da população trabalhadora. Dessa maneira, ao passo em que os trabalhadores não têm um papel relevante na realização dos bens produzidos pelas empresas de ponta na acumulação, o capital pode operar com maior folga para implementar as diversas formas de superexploração, em particular o pagamento direto da força de trabalho abaixo de seu valor e o prolongamento da jornada de trabalho. O segundo fator que favorece a superexploração está constituído pelas perdas de valor sofridas pelo capitalismo dependente no mercado mundial, por meio da troca desigual e de outros tipos de transferências. [...] Nada disso seria possível se o capitalismo dependente não gerasse mão de obra abundante, o que permite, como terceiro fator, a presença de uma extensa superpopulação relativa que não apenas resolve a substituição imediata dos braços esgotados prematuramente, mas também se constitui em uma força que o capital emprega para pressionar as condições salariais e de trabalho dos trabalhadores ativos. (Osório, 2018, p. 492)

Na primeira década do século XXI, com o aumento do preço das *commodities* minerais no mercado internacional, o extrativismo se ampliou em territórios latino-americanos (Petras, 2014), criando à época uma ilusão de fortuna econômica e possibilidade de fim da pobreza. Esse fenômeno, chamado neoextrativismo, é um modelo de desenvolvimento baseado no crescimento econômico pela exportação de produtos primários e na apropriação privada de recursos naturais, em cadeias produtivas pouco diversificadas e em uma inserção internacional subordinada. Para tanto, o Estado, controlado por frações das classes dominantes que se beneficiam desse padrão de acumulação, tem um papel ativo, buscando legitimação principalmente por meio de um incisivo discurso, radicalizado com a posse do novo governo brasileiro em 2019, que defende que o crescimento econômico traz prosperidade e qualidade de vida, e que os impactos ambientais podem ser regulados pela racionalidade do mercado. Chega-se ao cinismo quando, em defesa das mineradoras, da indústria petrolífera, do agronegócio e da pecuária, se tenta convencer de que o Brasil tem muitas áreas protegidas e que os territórios indígenas e quilombolas são demasiados diante da urgência de abrir caminho para as atividades econômicas. É lamentável verificar o quanto a ideia de que uma área não explorada economicamente é vista como vazio e desperdício pelas classes dominantes, o quanto a vida fica subsumida nessas relações de produção.

Consequentemente, o modelo extrativista exportador que se expandiu na América Latina, estruturado em torno dos grandes empreendimentos, fortalece estratégias de controle dos territórios e de acumulação por espoliação (Harvey, 2003), de roubo de terras e saberes, de extinção de direitos de grupos e povos que organizam suas vidas a partir de seus territórios e deles dependem para reproduzir seus modos de vida. A terra arrancada daqueles que dela vivem e criam suas culturas é a fonte originária historicamente determinada da ruptura do equilíbrio metabólico com a natureza.

Assim, a escala de produção neoextrativista, pouco diversificada, centralizada e controlada por um número reduzido de famílias, ilustra as desigualdades e injustiças ambientais,[1] nos

---

1. "Entendemos por *injustiça ambiental* o mecanismo pelo qual sociedades desiguais, do ponto de vista econômico e social, destinam a maior carga dos danos ambientais do desenvolvimento às populações de baixa renda, aos grupos raciais discriminados, aos povos étnicos tradicionais, aos bairros operários, às populações marginalizadas e vulneráveis. Por justiça ambiental, ao contrário, designamos o conjunto de princípios e práticas que: a) asseguram que nenhum grupo social, seja ele étnico, racial ou de classe, suporte uma parcela desproporcional das consequências ambientais negativas de operações econômicas, de decisões de políticas e de programas federais, estaduais, locais, assim como da ausência ou omissão de tais políticas; b) asseguram acesso justo e equitativo, direto e indireto, aos recursos ambientais do país; c) asseguram amplo acesso às informações relevantes sobre o uso dos recursos ambientais e a destinação de rejeitos e localização de fontes de riscos ambientais, bem como processos democráticos e participativos na definição de políticas, planos, programas e projetos que lhes dizem respeito; d) favorecem a constituição de sujeitos coletivos de direitos, movimentos sociais e organizações populares para serem

termos indicados por Acselrad (2012), e as contradições desse padrão de desenvolvimento econômico que legitima a barbárie socioambiental em nome da "saúde econômica", como se não fosse possível ter outras economias, cíclicas e compatíveis com as necessidades humanas e ecológicas.

Uma das consequências disso tudo é a explosão dos conflitos ambientais, visíveis na dinamização das lutas pela terra, dos movimentos sociais indígenas, quilombolas, dos trabalhadores da pesca e camponeses, e o aparecimento de novas formas de mobilização e participação cidadã centradas na defesa dos bens naturais.

Conforme Dussel (2015), essa dinâmica recente não está descolada do processo histórico colonial e de implementação do capitalismo nas Américas, expressando a longa constituição dos povos latino-americanos, que por séculos criaram suas identidades e formas de existir na luta contra o eurocentrismo. E isso não se dá em uma dinâmica binária, mas com hibridizações, assimilações, negações, superações variadas de práticas econômicas e culturais, que nos colocam o desafio de entender os povos tradicionais não como algo idealizado e "puro", mas naquilo que são em determinada sociedade e o que isso nos traz de aprendizado às lutas emancipatórias.

Assim, o processo de ambientalização das lutas sociais e populares (Acselrad, 2010) inclui um vasto grupo de coletivos e modalidades de resistência diante da brutalidade das formas de expropriação determinadas pelo sociometabolismo do capital. Esse grupo vai se configurando como uma rede mais ampla de

---

protagonistas na construção de modelos alternativos de desenvolvimento, que assegurem a democratização do acesso aos recursos ambientais e a sustentabilidade do seu uso." (Rede Brasileira de Justiça Ambiental, 2001).

Exemplo de injustiças ambientais podem ser vistos no site do *Mapa de conflitos envolvendo injustiça ambiental e Saúde no Brasil*, resultado de um projeto desenvolvido pela Fundação Oswaldo Cruz (s/d.).

organizações e movimentos (Costa; Loureiro, 2018). A unidade da diversidade de posicionamentos antissistêmicos que se impõe no contexto atual de crise do capitalismo (Fontes; Miranda, 2014) firma inúmeros desafios. Eles se referem à organização e mobilização social, mas também a uma educação popular — e, diria, uma educação ambiental crítica — que crie um diálogo de saberes e conhecimentos científicos caracterizado pela elaboração de um saber independente dos discursos dominantes, pela valorização dos saberes tradicionais — muitos deles de raízes indígenas-camponesas e negras — e das práticas dos trabalhadores que estão pressionados pela escassez de trabalho assalariado e pela precarização.

Tal complexidade das práticas antissistêmicas coloca como diretriz para a educação ambiental crítica a aceitação de que os sujeitos com os quais se faz o processo educativo são os que estão diretamente na base material das contradições sociais e que encarnam a negação do que está posto como sociedade. É com eles que aprendemos e produzimos alternativas concretas e nos constituímos como novos seres humanos.

Pensando em termos pedagógicos, quando partimos de sujeitos e situações concretas, a dimensão conflitiva é tratada, tornando-se possível compreender que os problemas e os temas ambientais não são neutros ou passíveis de resolução apenas pela intervenção técnica ou pelo desejo moral individual. A historicidade passa a ser constitutiva da atividade pedagógica, não cabendo mais como suficiente a constatação do problema ou o voluntarismo para resolvê-lo, sendo vital a problematização que leve ao conhecimento da sua dinâmica causal e dos agentes sociais envolvidos.

Tratar a conflitividade na educação ambiental crítica não é reforçar posturas agressivas ou violentas. Uma coisa não tem relação com a outra. É possível adotar estrategicamente posturas que partam de consensos ou práticas não questionáveis — reuso de água, captação de água de chuva, horta escolar, coleta seletiva de resíduos sólidos, plantio de mudas etc. — e ao mesmo tempo agir de modo muito menos tolerante e mais impositivo, ocasionando relações violentas e opressoras. Uma coisa é a postura diante do outro. Muito diferente disso é a abordagem pedagógica e o que se busca como finalidade educativa. Se a finalidade é a transformação social — e, nesse movimento, a pessoal — através de um fazer educativo emancipador (Freire, 2016), não se podem negar os conflitos que emergem de uma sociedade historicamente desigual nos usos e apropriações materiais e simbólicas da natureza.

Isso politiza a educação ambiental e exige posicionamento de seus sujeitos quanto a projetos de sociedade e de sustentabilidade almejados. A necessidade de se posicionar leva a uma prática reflexiva sobre a realidade, à compreensão complexa das responsabilidades e direitos de indivíduos-grupos-classes, a uma prática que atue tanto no cotidiano quanto na organização política para as lutas sociais.

Esse posicionamento passa a ser orientador das práticas educativas dos movimentos sociais, das comunidades, de escolas, de políticas públicas ou da execução de projetos no âmbito, por exemplo, dos instrumentos da gestão ambiental — licenciamento e gestão de unidades de conservação, entre outros. Cada um com sua especificidade, mas com premissas comuns compatíveis com a perspectiva crítica.

E assim chegamos ao momento de pensar as práticas educativas ambientais críticas com os povos tradicionais.

MOMENTO I

Não há modelo pronto!

Quando me vi mobilizado para escrever sobre a educação ambiental com povos tradicionais, o primeiro desafio foi: por onde começar? O que enfatizar?

A questão inicial, sem dúvida, é dizer enfaticamente que não há um padrão a adotar e um conjunto de conteúdos previamente elaborados a transmitir aos povos tradicionais. É fundamental entender que tais povos possuem seus processos educacionais — muitos dos quais baseados na rotina de trabalho com a terra e o mar e na oralidade —, formas de sociabilidade outras que normalmente são invisibilizadas pelo padrão dominante e por educadores que chegam sem a devida escuta e capacidade de se abrir ao outro e sua história. Não estamos aqui para ensinar uma educação ambiental idealizada e prescritiva, mas para criar colaborativamente processos sociais com finalidades educativas. Esses processos permitem novos aprendizados, problematizações, encaminhamentos e alternativas diante dos desafios que a sociedade nos impõe e das necessidades de transformação da realidade — e nisso, de cada um de nós.

Portanto, não há "receita de bolo". Não há modelo pronto a ser copiado e aplicado. Na educação ambiental que se afina com a perspectiva crítica, é preciso saber apreender o movimento do real para elaborar as categorias teóricas e metodológicas que permitirão uma ação planejada e ajustada. Reparem: não se parte de um modelo. Chega-se a um todo estruturado pela inserção na dinâmica social a ser trabalhada pela educação ambiental. Essa não é uma ideia maravilhosa que basta usar para os problemas se resolverem. Só o é à medida que se torna força material junto aos sujeitos que participam.

Isso vale tanto na prática de projetos e ações com movimentos sociais quanto nas políticas públicas. Uma política não é o uso universalizado de um modelo considerado favorável por certa maioria de pessoas, mas a construção democrática e popular de princípios, diretrizes e critérios de realização, que orientam programas e projetos públicos — concebidos cada um a partir de uma realidade específica — para alcançar determinadas finalidades públicas. O Estado, por meio dos governos, não pode dizer: "façam assim" ou "adotem este modelo", mas deve propiciar meios de decisão coletiva para instituir processos balizados por regras que gerem os efeitos de igualdade de direitos e de universalização do que é favorável ao povo.

Ouvi muitas vezes pedidos para dizer como fazer e para descrever experiências. Sempre evitei esse tipo de fala exatamente para reduzir os riscos de se entender que ali estaria um caminho a ser seguido em qualquer situação que fosse. A descrição de experiências pode ajudar a ilustrar e a se criar pelo exemplo. Não nego. Mas minha proposta é outra, buscando ser coerente com a abordagem epistemológica e teórica que adoto. Procuro apontar elementos que se mostraram indispensáveis e refletir com base na interpelação entre teoria e prática.

É preciso aceitar o desafio de que educamos sendo educados, aprendemos estando abertos à curiosidade epistêmica indicada por Freire (1996), para quem esta é construída pelo exercício crítico da capacidade de aprender. É a curiosidade que se torna metodicamente rigorosa e se opõe à curiosidade ingênua, que caracteriza o senso comum. Ao ser rigorosa no método, sistemática no pesquisar, ela afirma o fazer educativo consistentemente em seus princípios, meios e finalidades.

Não se pode confundir a adequação metodológica à realidade, baseada em questionamentos rigorosos dos passos dados, com o espontaneísmo metodológico e pedagógico. A questão não é "chegar lá e ver qual é". A educação não é um processo social aleatório, e a realidade é sempre interpelada pelo acúmulo cultural que carregamos, por conhecimentos, motivações e interpelações relativas ao que desejamos.

Por ser o meio pelo qual estabelecemos nossa sociabilidade e nos formamos como seres humanos em sociedades historicamente determinadas, a educação visa a fins. Para tanto, é necessária a crítica ao existente, bem como a crítica a como nos inserimos nesse movimento — ou seja, saber não só como fazer, mas como se estrutura o processo de conhecimento que se desenvolve na prática educativa e favorece a intervenção consciente na realidade, transformando-a. Nesse ponto, a organização e o planejamento se tornam exigência e propiciam que as atividades sejam concebidas em uma sequência lógica e coerente, que orienta o coletivo e seus indivíduos para finalidades.

Assim, parte-se de um conjunto de princípios, diretrizes, fundamentos teóricos e intenções pactuadas que, ao serem interpeladas pela realidade das pessoas envolvidas, por suas condições econômicas, sociais, políticas e culturais, seus códigos morais, costumes e condutas, e pelo desenho das instituições participantes, são aprimorados, aprofundados e moldados na direção educativa transformadora. Nesse momento é que se estrutura o processo e os acordos são estabelecidos, orientando a prática.

Por fim, nesse aspecto inicial, é preciso evidentemente considerar os arranjos e limites institucionais do espaço em que a educação ambiental ocorre. Um movimento social, por exemplo, possui maior liberdade nessa construção do que uma escola ou um projeto vinculado ao licenciamento, por ser uma organização coletiva autônoma que se coloca exatamente no lugar de questionamento do instituído, buscando superações variadas. Mesmo assim, é orientada em função de seus objetivos políticos e sua organização, que precisam ser conhecidos para evitar falsas expectativas. Uma escola possui regras e conteúdos curriculares a respeitar, modelos de gestão e tempos de trabalho, que igualmente estabelecem o alcance da autonomia do trabalho docente e de seu efeito sobre o público, mesmo em sua enorme capilaridade social.

Um princípio de realidade é fundamental, portanto. A educação ambiental não é qualquer coisa que se quer fazer e nem pode tudo alcançar. Nem por isso perde seu encanto — e é indiscutivelmente prenhe de potencialidades que inspiram esperanças e a convicção de que devemos continuar lutando por seu reconhecimento como direito e obrigatoriedade como política pública universal.

O diálogo

Poderia ter começado a discussão do Momento I por aqui. Na educação, o diálogo é exigência para potencializar os saberes que se entrecruzam, organizando suas práticas e possibilitando a criação livre do conhecimento. Sua relevância é um tanto consensual entre educadores, para além de qualquer afinidade com a questão ambiental, que o veem não raramente como pressuposto. Assim também o vejo: como pressuposto e meio para o fazer pedagógico.

Contudo, um crítico nunca deve tomar algo como dado. A cristalização de verdades é algo pernicioso à atividade criadora e à práxis. Toda verdade estabelecida deve ser posta em questão, mesmo que seja reafirmada ao final do processo reflexivo. A estagnação de conceitos e modelos leva ao dogma e a um enquadramento da realidade ao formato, invertendo o sentido de construção do conhecimento. O dogma é a negação da liberdade de pensamento e o meio para a reprodução das formas de dominação como algo dado e natural, constituindo-se como norma a ser seguida.

Então, o que afirmo sobre o diálogo e o que coloco sob suspeita para garantir a criticidade do processo dialógico na educação?

O diálogo, para mim, é a interação entre pessoas que falam — trocam ideias, se comunicam de formas diversas — e ao mesmo tempo escutam. A fala e a escuta são momentos ativos e inseparáveis, pois o entendimento do sentido de algo se dá na relação entre os envolvidos, e não de um para o outro. Mais radicalmente, é a própria relação que faz emergirem os entendimentos possíveis. Entendo a partir da minha existência e simultaneamente a partir do que se revela na interação (Grondin, 2012). Por isso, as pessoas participam do que é dito, compreendido e objetivado. Um diálogo não participativo é, por definição, um monólogo, uma imposição. E qualquer forma de imposição é negação da educação.

Porém, saber escutar — e digo saber porque é um exercício constante de aprendizagem, respeito e humildade perante o outro —, por ser um momento ativo, não elimina o reconhecimento de que há um pré-entendimento, definido pela cultura à qual pertencemos e por nossas ideologias. Isso não é um impeditivo. É parte do diálogo. Já um diálogo que se funda no escamoteamento de posições e na mentira também é um não diálogo. O importante é que o participante explicite suas convicções e intenções, torne consciente o que traz previamente e reflita sobre isso, permitindo que a situação coloque algo de novo, levando a uma interpretação aberta ao outro.

Realizar esse movimento garante a objetividade do processo educativo, a concordância coletiva com o que está em jogo, a aceitação das intencionalidades postas — o que não se confunde com neutralidade. A neutralidade parte do pressuposto de que é possível olhar para um objeto livre de pré-entendimentos e visões de mundo, por intermédio de um método que garante o distanciamento e a produção de um conhecimento isento. Já a objetividade, que é aqui afirmada, parte do inverso: esse lugar neutro não existe, e o cabível é a consciência crítica a respeito do lugar de onde se parte e da(s) pessoa(s) com quem se interage, mantendo o rigor metodológico e argumentativo.

Nesse sentido, a compreensão, o entendimento criado, traduz o sentido de algo, exprime-o linguisticamente e o objetiva na práxis, transcendendo a particularidade e alcançando a universalidade. Não uma universalidade abstrata, baseada em leis atemporais, mas a universalidade que se forma nas relações particulares e históricas e que vai além, criando o que há de comum na vida pública.

A compreensão estabelecida pelo diálogo não nega a explicação, o conhecimento sistemático dos fatos, fenômenos, suas relações e causalidades complexas. Em qualquer processo que seja educativo, compreensão e explicação são importantes para conhecer o mundo, ser mundo, agir no mundo, ter consciência de si no mundo. Desse modo, não basta estar disposto ao diálogo. O rigor no saber escutar é uma exigência diante do que foi exposto, e o estudo e a pesquisa uma condição. Por isso, Freire (2001) foi enfático ao dizer que não era adepto do espontaneísmo pedagógico e do voluntarismo educacional. O ato educativo exige estudo sistemático e gosto pelo saber.

Entre os povos tradicionais, é decisiva a capacidade de escutar sempre e falar na hora certa, dialogar horizontalmente. Para além do conhecimento como exigência educativa, encontra-se a transmissão intergeracional de práticas e saberes que mantém as identidades culturais e a unidade como povos, sendo a oralidade e a dialogicidade decisivas para tanto.

A complexidade do diálogo não termina aí.

Para o pensamento crítico, a relação linguística se dá em determinada materialidade. Assim, não pode ser concebida entre indivíduos abstratos e "suficientes em si". A dialogicidade se estabelece entre pessoas que pertencem a grupos e classes. Isso implica identidades legitimadas ou negadas, fluxos identitários, necessidades e interesses diversos e por vezes antagônicos, que se configuram nas relações econômicas e de poder, encarnadas nas organizações da sociedade civil e no Estado (Loureiro, 2005). Logo, não se constrói um processo educativo emancipatório com qualquer sujeito, mas com aqueles que portam a negação material das relações alienadas que dominam a forma social contemporânea. Não é uma questão de boa vontade individual, mas de consciência das contradições formadas na totalidade social. O diálogo em si não emancipa, mas sim o processo social que toma o diálogo como pressuposto e exigência prática, instituído pelos agentes sociais em seus movimentos transformadores na sociedade, materializando as mudanças sonhadas.

É nessa direção que Paulo Freire concebeu o "círculo de cultura" como espaço coletivo, educador. Difere, porém, de certas apropriações do conceito para criar espaços educadores na educação ambiental em que se reuniam em diálogo agentes em condições sociais antagônicas. Não é possível deixar do lado de fora de um espaço comunicativo as desigualdades e a materialidade que constituem o que somos em nome de uma ação comunicativa ideal. O alcance do diálogo entre os que estão em condições sociais similares é, por definição e intenção, distinto do que se pode imaginar em espaços que buscam colocar forças sociais antagônicas em interação, produzindo no máximo alguns acordos pontuais em torno de questões emergenciais.

O círculo de cultura — espaço educativo onde transitam diferentes subjetividades e convivem diferentes saberes entre aqueles que estão na condição de trabalhadores expropriados e oprimidos — assume a experiência do diálogo de forma coletiva e solidária em todos os momentos do processo, de tal sorte que seus produtos — o conhecimento gerado e o sentido de pertencimento a uma coletividade — sejam resultantes dessas situações.

O diálogo não se reduz a um instrumento metodológico. Considerando a ressalva anterior, ele é utilizado como forma de comunicação em que a questão da diferença do lugar de enunciação é superada pela questão da diferença como qualidade, como valor de qualificação, como forma de potencializar os saberes que se interseccionam naquele espaço de aprendizagem. Assim, organiza suas práticas e apoia sua articulação na totalidade social, em que o que está em jogo é a apropriação social do conhecimento.

É inegável que a afirmação das diferenças é uma exigência contemporânea para a construção de outro patamar societário. As questões de gênero, étnico-raciais, religiosas, geracionais, de escolhas pessoais etc. se referem diretamente à diferenciação humana na produção social da existência, à singularidade de cada pessoa. Porém, para o pensamento crítico, esse movimento vem no mesmo âmbito da luta pela igualdade, posto que não são movimentos antagônicos. Ao contrário, são complementares na emancipação. A diferença se define nas relações sociais de poder, econômicas e institucionais. Portanto, no capitalismo, essas relações se formam em um mesmo contexto em que há processos de discriminação e desigualdade que não podem ser confundidos com o respeito ao diferente. Desigual não é sinônimo de plural. O antônimo de desigual é igual. O de diferente é a indiferença ou a homogeneização econômica e cultural. A livre manifestação de cada um se vincula à superação das condições materiais de expropriação e dominação configuradas historicamente (Loureiro; Layrargues, 2013).

Há mais uma questão a ser problematizada.

Se tomarmos como verdade que o diálogo exige a comunicação entre pessoas, é preciso pensar que tipo de comunicação é feita nessa sociedade e quais informações e discursos são tomados como corretos e válidos. É um equívoco pensar a comunicação livre e independente das determinações sociais. Da mesma forma, é frágil imaginar que a comunicação simplesmente é o que é e que, portanto, não há do que se emancipar.

Há, no meu entendimento, um critério a ser adotado na comunicação exercida na prática educativa dialógica: a permanente suspeita, o colocar tudo sob questão e reflexão. Vivemos em uma sociedade em que as ideologias e interesses das classes dominantes são comunicados por mecanismos escolares, de Estado e pela comunicação de massa, entre outros, que assim universalizam suas verdades e formas de convivência (Marx; Engels, 2007). Além disso, vivemos um fenômeno recente de *fake news*, de mentiras deliberadamente contadas em velocidade e quantidade impressionantes, que dificultam qualquer contra-argumentação, negam fatos, confundem opiniões e formam falsas verdades, produzindo subjetividades intolerantes, individualistas e anticientificistas.

Assim, visões de mundo, ideologias compreendidas em seu sentido largo — como visão de mundo ou conjunto de verdades e ideias particulares postas como universais, garantindo coesão social e "abafando" os conflitos e contradições — ou como falseamento do real, não podem apenas ser aceitas como parte da ação comunicativa. Devem ser também postas sob questão. Toda crítica às ideologias é uma autocrítica, e ambas constituem a educação ambiental, mantendo um "estado de alerta" que não se confunde com desconfiança moral quanto à conduta das pessoas. Essa atenção passa pela transparência nas rotinas estabelecidas no processo educativo e em suas atividades, pela distribuição de atribuições e responsabilidades, pelo consenso em torno dos princípios e diretrizes pedagógicas, pela consciência da intencionalidade transformadora da realidade com a educação ambiental crítica, pela definição conjunta de conteúdos e ações que formam a prática educativa, pela explicitação de objetivos, pela problematização dos conteúdos e seus sentidos e pela avaliação participativa permanente de tudo o que se passa.

Diante do exposto, reitero a relevância do diálogo, desde que não o consideremos uma panaceia educativa.

De modo bem prático, todo aquele que se dispuser a trabalhar com povos tradicionais sem pertencer a um deles, mas com eles se identificando e compartilhando sentidos de vida, precisa fazer um exercício franco de reflexão e posicionamento diante do mundo: estou me dispondo a participar de um processo educativo por quê? Por caridade? Por necessidade profissional? Por uma idealização do que são? Por reconhecer que esses são portadores objetivos de possibilidades emancipatórias com os quais constituímos a educação e nos tornamos outro tipo de ser humano? Cada um que pense e chegue a suas conclusões. A resposta muda muito o alcance do que será feito.

Método: uma questão

Entender que o método não é uma fórmula pronta a ser aplicada é fundamental diante do que coloquei até aqui no texto. O que não pode ser perdido diante dessa afirmação?

O caminho produzido dialogicamente parte da realidade vivida dos sujeitos, de suas culturas, situações e necessidades. Não é apenas uma questão de tornar a educação mais próxima das pessoas, palatável e menos abstrata. É também porque essa realidade imediata é o quadro de referência para seus conhecimentos, saberes e verdades culturalmente aceitas. Ou seja, é parte do modo como se pensa e se vê o mundo.

Mas cada situação concreta compõe totalidades mais amplas — o contexto ou os contextos que se manifestam imediatamente em nossas vidas e em cada momento histórico, formando a conjuntura em que algo se dá.

Se partimos do pressuposto de que a realidade não se esgota na aparência dos fenômenos e que as particularidades se definem na relação com o contexto e a conjuntura, o cerne do processo educativo, o ato de conhecer, é o movimento que realizamos para ir além do que está posto, do ponto de vista do entendimento da situação, das explicações geradas pela articulação entre teoria e prática, entre categorias e conceitos que organizam de modo coerente a realidade no pensamento.

Um exemplo: não basta constatar que há desperdício de água e afirmar que isso deve ser evitado por meio de ações pessoais que reduzam a demanda de água e de comportamentos que levem a um uso sustentável. Isso é tão somente uma constatação seguida de um julgamento ético-moral e a indicação de um procedimento prático a ser adotado. É constitutivo da educação? Sim, mas insuficiente.

Educar envolve outras etapas; por isso, é processual. A definição de uma situação a ser problematizada ou de um tema a ser tomado como gerador — no caso ilustrado, uma não conformidade de uso da água — levará a um conjunto de atividades que trabalharão os conteúdos selecionados. O primeiro passo é entender os sentidos — estéticos, éticos, econômicos, religiosos etc. — contidos em um grupo ou classe — sua cultura — sobre a água, inclusive a própria noção de desperdício. Qual é a medida social de um uso adequado? O que uns consideram um uso abusivo pode não ser considerado por outros, cabendo entender os motivos disso.

Em seguida, deve-se identificar quais conceitos deixam entender as formas de uso existentes, as tecnologias que permitem tais usos e as relações de produção que demandam a apropriação privada e a desigualdade no acesso à água, gerando conflitos de uso e luta junto ao Estado para garanti-la como direito — entendendo a distribuição e a escassez como fenômenos naturais e históricos.

O movimento seguinte é o de organização dessas relações, conhecimentos e problematizações através de categorias que sistematizem os conteúdos trabalhados, organizando a realidade no pensamento enquanto uma totalidade produzida a partir da situação tomada como imediata e relevante pelas pessoas envolvidas. Esse conhecimento problematizador, organizado e crítico, indica os caminhos de construção de alternativas práticas. Aqui entram atitudes individuais e ações coletivas que possibilitem as transformações desejadas e necessárias. Ou seja, chega-se às ações e condutas pelo conhecimento sistematizado e pela consciência crítica desenvolvida, saindo do senso comum que recomenda comportamentos padronizados a partir da constatação imediata do problema.

Conhecer não termina nunca. É o ciclo continuado de ação-reflexão-sistematização-organização do pensamento-ação. Por isso, todas as pedagogias críticas, em suas ênfases e focos distintos, possuem um eixo básico praxiológico que orienta o caminho metodológico e que pode ser expresso no fluxograma a seguir, anteriormente publicado em Loureiro e Anello (2014).

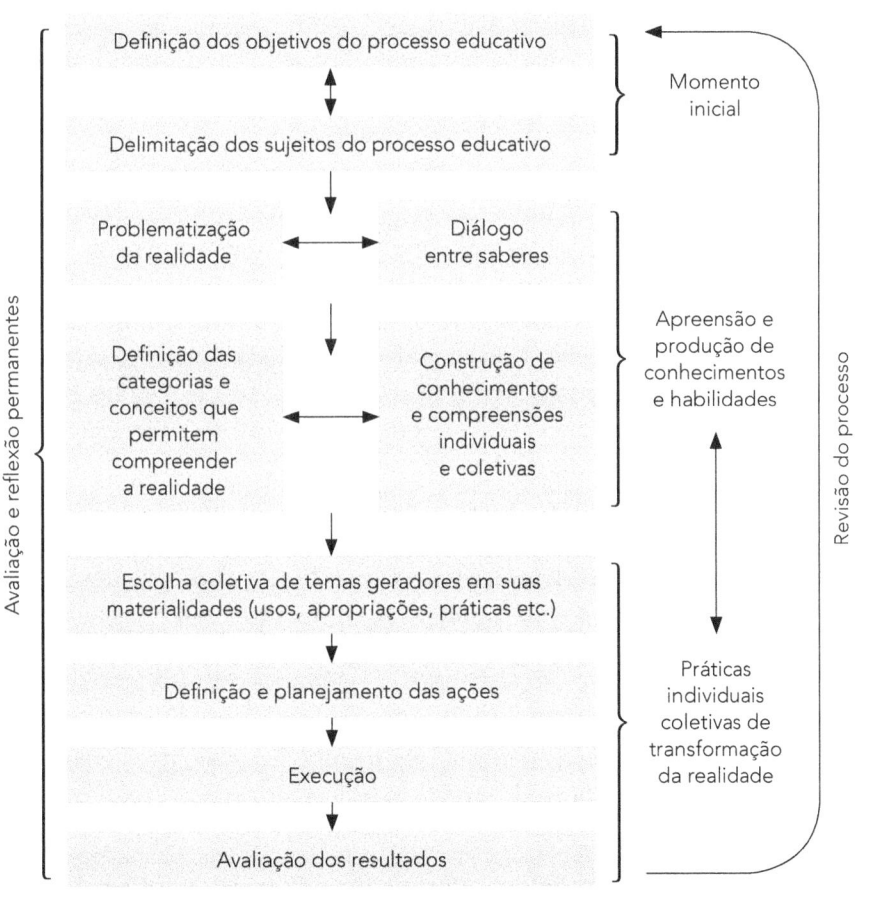

Figura 1 — Fluxo básico das pedagogias críticas.

Cabe ressaltar que isso não é um ciclo sem direção. Para a educação ambiental crítica, a construção pedagógica que molda o movimento de produção de conhecimentos e intervenção social atende a fins de superação do existente para abrir novas alternativas às relações com a natureza.

Como disse em outra oportunidade (Loureiro, 2015, p. 167):

> toda ação educativa deve ser direcionada para a construção da igualdade e promoção das diversidades para que possamos satisfazer nossas necessidades sem opressão, discriminação e reprodução da dominação e dos mecanismos de expropriação. É nesse sentido que o conhecimento, ao ser crítico, nos desafia a pensar o ato de conhecer como uma atitude intencional, politicamente posicionada e prática, voltada para a transformação social.
>
> Para a perspectiva crítica, não cabe nenhum tipo de messianismo, até porque tal postura seria a negação direta de um posicionamento teórico que coloca a história como movimento materialmente determinado e contraditório. Ora, pensar em termos messiânicos seria pensar em termos de salvação, o que impõe defender um mundo tido como perfeito. Não se pode confundir o reconhecimento da necessidade de superação de relações sociais objetivadas com a afirmação de uma vida ideal fora da produção social da existência e definida por algum tipo de "iluminado".
>
> Para tanto, superar o uso (e elaboração) do conhecimento e da informação para reproduzir os interesses dos grupos dominantes impõe aos trabalhadores e ao conjunto dos expropriados pelas relações alienadas no capitalismo, entre outras condutas relativas ao fazer pedagógico, organizarem-se coletivamente e criarem mecanismos de reivindicação e realização de seus direitos no marco dessa sociedade. A organização coletiva indica a busca da liberdade humana, em que os trabalhadores em seus coletivos buscam controlar seus processos e suas vidas.

Farei um último comentário sobre método, reforçando um aspecto central da pedagogia freireana, tão utilizada na educação ambiental e em trabalhos de educação popular junto a povos tradicionais, e que se coaduna com tudo o que foi discorrido até aqui no Momento I e na Parte introdutória.

Em espaços coletivos de diálogo, construção de conhecimentos e identidades, as situações indicadas nos temas trabalhados devem ser capazes de dar concretude ao que Paulo Freire chamava de inédito-viável. O inédito-viável é algo ainda não vivido, mas desejado, que o sonho sabe que existe, mas que só será realizado pela atividade libertadora — e então deixará de ser um sonho porque pode se tornar realidade. Portanto, o inédito-viável não é um delírio do desejo de um grupo, mas é algo projetado para adiante com base em um conhecimento concreto e uma análise realista do que está sendo vivido por um grupo (e é nesse sentido que Paulo Freire entende por utopia).

Em termos de fluxo educativo, para definir o inédito-viável, é preciso antes reconhecer qual é a situação-limite, ou seja, o obstáculo determinante, o que gera a relação de opressão e os conflitos entre agentes sociais. Além disso, é necessário estabelecer o ato-limite, ou seja, as atividades ou atividade organizada que possibilita a ação coletiva consciente sobre o mundo, visando transformá-lo (Freire, 1992).

Nessa direção, o diálogo reaparece como exigência. Em um percurso educativo crítico, com intencionalidades explicitadas, aparece como meio e pressuposto, como movimento antecipador do inédito-viável. Assim, o diálogo se compromete com aquilo que traz como questão e com o que indica como potencial transformação. Mas esse processo de criação da possibilidade de superação não se dá de forma espontânea. Pelo contrário. Como dito, se dá a partir de uma situação e sua problematização e compreensão, levando à organização do que se pode fazer, do processo educativo (Loureiro; Franco, 2012).

Atividade fim ou atividade meio?

Com a discussão feita, espero que fique mais fácil entender uma questão recorrente em eventos científicos: a confusão entre as atividades planejadas e pensadas como fins em si mesmas e as finalidades da educação ambiental crítica, para além das atividades feitas. É ainda comum escutar pessoas dizendo que, por exemplo, a coleta seletiva de resíduos sólidos é uma atividade pragmática e não-crítica. Isso não está correto. É preciso manter a coerência indicada de um método que é relacional e dialético.

A atividade em si não define a perspectiva de educação ambiental com a qual se trabalha. O que define o caráter crítico, o foco de análise, são os conteúdos trabalhados e o lugar das atividades no processo educativo. É possível fazer uma coleta seletiva com uma abordagem estritamente sensibilizadora e instrumentalizadora, visando à redução de desperdício por meio da adoção de certos comportamentos, e essa ser a finalidade. Aqui, a atividade que se realiza é o fim. Esse tipo de abordagem da questão, de fato, não é crítica. Mas igualmente posso fazer a coleta seletiva como fruto de uma problematização coletiva da realidade e como meio motivador dos educandos, articulado a conteúdos que permitam sair da imediaticidade para conhecer as relações constitutivas do problema ambiental. Seu objetivo seria não somente a redução do desperdício, mas a reflexão sobre as relações de produção e consumo, resultando em práticas organizadas de transformação do modo como se produz, do que se produz e de para quem se produz. Alcances diferenciados podem ser pensados a partir disso e do contexto em que se dá (condições de trabalho, formação, relações institucionais, prazos etc.), mas, nesse formato, a atividade é meio para problematizar, conhecer e transformar — e não finalidade. Esse tipo de trabalho é crítico.

Não é uma questão de uma abordagem ser ou não ser melhor do que a outra; ou de uma abordagem ser ou não oposta à outra na prática social. A pergunta no título coloca a discussão em outro patamar: onde está a finalidade. Se eu entendo, adotando uma perspectiva mais tradicional e conservadora de educação ambiental, que a finalidade está na imediaticidade do comportamento individual, a coleta seletiva se torna a atividade-fim. Se eu entendo que a finalidade da educação ambiental é a formação humana e cidadã e, para tanto, a mudança pessoal associada à transformação social, esse tipo de atividade se torna meio, que, articulado a outras atividades em múltiplas esferas de intervenção, pode me permitir atingir o fim proposto. Para a primeira abordagem, a atividade cumpre a função educativa. Para a segunda, a atividade é estratégia do processo educativo, é meio.

Todos esses meios são vitais e estratégicos, porque materializam o que foi planejado como processo educativo, mas não são o foco principal a ser considerado para a sua efetividade. Em última instância, não adianta ter bons resultados com os meios se não se conseguir produzir ações transformadoras de uma situação-limite. Essa é a questão principal a ser contemplada.

De um ponto de vista mais prático, buscando contribuir com a organização de ações, projetos e programas, a educação ambiental crítica necessita pensar em atividades que, para chegar às transformações, podem levar em consideração algumas diretrizes que organizam internamente cada atividade e as articulam em um todo educativo, tais como:

1. Favorecer a apropriação, junto aos grupos sociais participantes, de informações relativas ao que está sendo trabalhado e realizado. Nesse caso, a comunicação popular — de que tratarei adiante — é indispensável quando se atua junto aos povos tradicionais, envolvendo e criando linguagem comum na socialização de informações que facilitem a tomada de decisão e a formação de opiniões.
2. Produzir coletivamente conhecimentos, habilidades e valores que permitam a mobilização, a organização e a atuação

consciente na realidade a ser transformada (como em cursos, oficinas, dramatizações, apresentações públicas, produção popular de materiais didáticos e audiovisuais, arranjos econômicos solidários etc.).
3. Fomentar atividades políticas (manifestações públicas, atuação em espaços públicos, acesso a políticas públicas etc.) e econômicas (arranjos produtivos locais, economia solidária, produção cultural etc.) que atuem na reversão dos processos desiguais no uso e apropriação da natureza e na afirmação de culturas.
4. Elaborar práticas culturais (eventos, celebrações, feiras, exposições, manifestações artísticas etc.) e políticas que reforcem ou resgatem identidades dos sujeitos do processo educativo, motivando-os na busca por reconhecimento social e na defesa ou acesso a direitos e políticas públicas.

Nesse momento, entra a importância da avaliação participativa e continuada. Tudo o que é feito deve ser avaliado para que se possa refazer o percurso ação-reflexão-ação de modo a obter novos resultados e alternativas.

Só um detalhe a ser lembrado sobre isso: a avaliação permanente e continuada é uma exigência legal, que consta explicitamente na Política Nacional de Educação Ambiental (artigo 4º, princípio VI). Um modo bem básico de organizar a avaliação e seus instrumentos, dos mais variados (indicadores, questionários, percepções, análise de relatos e documentos etc.), é por meio de três eixos conexos: eficiência, eficácia e efetividade.

A eficiência pode ser entendida como adequação dos meios na execução de uma tarefa, considerando os recursos disponíveis e as exigências legais ou do grupo envolvido. A eficácia se refere aos resultados alcançados, considerando os objetivos e atividades. A efetividade é a comprovação dos resultados alcançados em termos sociais e de satisfação dos envolvidos, fazendo o que deve ser feito de modo a atingir os objetivos e obter efeitos de mudança de determinada realidade. Os instrumentos são escolhidos a partir de perguntas que ajudam a verificar em que medida cada eixo é atendido e possibilita atingir as finalidades pactuadas pelos participantes (Loureiro, 2014).

A avaliação pode ter um elevado grau de formalização ou não, dependendo de onde o processo educativo acontece. De qualquer forma, avaliar é importante e, mesmo sendo consensual sua pertinência, é um ponto em aberto e com pouco amadurecimento teórico e prático na educação ambiental.

Mudarei o foco nesta segunda parte do Momento I, dando destaque a algo que considero da maior importância em projetos com povos tradicionais e comunidades, em espaços não escolares.

Após abordar os pontos mais voltados à orientação geral para a atuação educativa com povos tradicionais, gostaria de trazer algumas considerações sobre as artes no pensamento crítico e sobre duas metodologias que vinculam a arte e a educação: a comunicação popular e o teatro do oprimido. O leitor pode reparar que fiz até aqui alguns apontamentos sobre atividades que seriam pertinentes, com pretensão de ilustração. Não as detalhei porque possuem usos variados e recorrentes na educação ambiental crítica, cujo principal desafio é estabelecer conteúdos que possibilitem a consciência crítica e deem certo sentido de unidade entre essas atividades, propiciando condições para alcançar finalidades compatíveis com a perspectiva assumida.

Gostaria de, nos próximos três tópicos, adentrar inicialmente essa discussão sobre o uso das artes, uma vez que estas também possuem enorme incidência em trabalhos junto aos povos tradicionais. Contudo, observo algumas polêmicas e dúvidas quanto a como podem ser tratadas. Em seguida, trago os dois meios que podem favorecer muito o planejamento de atividades e a organização do fazer educativo: a comunicação popular e o teatro do oprimido.

Estes começam a ser utilizados com maior incidência no país em projetos educativos e partem das mesmas premissas teóricas e intencionalidades políticas e educativas da educação ambiental crítica, conforme tenho acompanhado em alguns projetos de educação ambiental no licenciamento ambiental federal conduzido pelo Instituto Brasileiro do Meio Ambiente e dos Recursos Naturais Renováveis (Ibama). Quando trazidas para um plano estrutural, inerente ao ato educativo — ou seja, para além de seus usos como ferramentas pontualmente acionadas para facilitar o diálogo, a compreensão e a disseminação de informações, conhecimentos, costumes e boas práticas —, além da enorme aceitação popular pelo uso de linguagens próximas às suas vidas e culturas, o que se observa é a incidência espetacular de resultados positivos.

De modo mais objetivo, digo que trazem resultados muito expressivos porque: 1) são capazes de mobilizar as pessoas para participar de coletivos nos quais a educação ambiental crítica se dá; 2) possibilitam o uso de linguagens variadas e mais facilmente aceitas e entendidas do que a escrita formal científica; 3) tais linguagens criam outras formas de problematizar a realidade, produzir e disseminar informações qualificadas e construir encaminhamentos e alternativas; 4) estimulam as pessoas a se expressar publicamente; e 5) levam a um aumento de autoestima, de valorização de cada um naquilo que traz como capacidades e histórias de vida.

Vale a pena conferi-las, trazê-las ao diálogo e ao interior da educação ambiental. Disso, não tenho dúvidas.

Arte como manifestação política

As artes podem ser entendidas como conjuntos de habilidades que se dão na atividade humana criadora e que possuem um caráter singular, único, original em cada obra criada. É uma prática sensível (sensorial), que se manifesta por diversas linguagens, como o desenho, a pintura, a escultura, a dança, a música, a escrita, o audiovisual, o teatro etc. A ênfase dada a cada linguagem depende da cultura e do tempo histórico. Ao expressarem ideias, percepções e sentidos por múltiplas formas, são normalmente associadas a um componente estético e a um comunicativo. Aí nasce uma primeira problematização.

Não há como negar o aspecto estético e comunicativo e sua grande importância para o processo educativo, facilitando-o e ampliando seu alcance, até mesmo pelo prazer gerado, o gozo pela satisfação estética e corporal. Mas, para o pensamento crítico, as qualidades das artes não se esgotam nisso, pois o próprio componente estético contém potencialidades políticas significativas que não se encerram no indivíduo, em uma subjetividade ou em um senso individual do bom e do belo.

Em primeiro lugar, ao cumprir um caráter criativo original, a arte não é a reprodução mecânica de técnicas instrumentalizadoras. Entender a arte como o que é único em seu manifestar implica a negação da homogeneização simplificadora inerente à sociedade produtora de mercadorias, que não só multiplica mercadorias para fins de acumulação, mas também reduz o trabalho humano a quantidades indiferenciadas que permitem a troca de equivalentes no capitalismo. Essa é uma das críticas mais ferozes de Adorno (1998) à indústria cultural capitalista, que pasteuriza, banaliza, replica o universo artístico para fins de lucro, sendo essas relações de troca a própria negação da arte.

> É óbvio que em uma sociedade capitalista as necessidades transformam-se em poder aquisitivo monetário, se não fosse assim não seriam reconhecidas. Porque o dinheiro constitui, como disse Marx sarcasticamente, a real e verdadeira comunidade. O dinheiro é quem serve como elo nas relações sociais e concomitantemente na relação da sociedade com a natureza (Altvater, 2012, p. 331-332).

O sentido emancipador das artes está em sua frontal negação da racionalidade instrumental. A obra de arte é autônoma e autêntica, mantendo viva a chama do questionamento em uma sociedade que recusa a autenticidade para se reproduzir (Benjamin, 2012). Não por acaso, o mundo artístico e as manifestações culturais populares são um dos primeiros alvos de governos autoritários, fascistas e que politicamente agem para a manutenção de certo padrão de acumulação de capital, das famílias tradicionais e das religiões dominantes. São expressões disso a tentativa de comparar o incomparável: música clássica europeia e música indígena; danças europeias e danças africanas; colocando a partir da estapafúrdia comparação entre mundos distintos e complexos as primeiras em condição de superioridade em relação às segundas. A qualidade das manifestações artísticas é algo possível de ser discutido em cada fenômeno, mas a validade de práticas culturais seculares, não. Muito menos a partir de uma análise eurocêntrica que despreza o que é popular e suas resistências no modo de reproduzir seus modos de vida.

A arte em educação ambiental não pode, portanto, replicar práticas, mas estimular a livre manifestação corporal de educadores e educandos. Não cabe aí o julgamento de certo e errado, mas a busca de sentidos que despertem a crítica, que valorizem as pessoas no que são em suas falas, no que seus corpos expressam, auxiliando no pensar o mundo e o eu enquanto mundo através de linguagens distintas. Essa abertura é crucial com os povos tradicionais, não só porque são povos com culturas em que as artes estão visceralmente vinculadas ao trabalho e à organização social, mas também porque favorecem o diálogo por caminhos que não são tão comuns na cultura letrada adotada na sociabilidade branca, urbana e industrial em que geralmente somos feitos.

O sentido emancipador das artes está em ser a expressão humana em sua inteireza, ou seja, na não separação entre mente e corpo. A arte mostra que a razão não é um atributo fora do corpo e do mundo material, mas parte deste na totalidade humana que se forma em sociedade. As artes indicam, experimentam a inseparabilidade e a impossibilidade de uso da natureza para fins estritamente mercantis, de coisificação, que estão na base das ideias de controle e domínio (Adorno; Horkheimer, 1985).

> Reduzir a relação do homem com a natureza à relação do produtor com o material a elaborar, significa empobrecer infinitamente a vida do homem. [...] Significa arrancar pela raiz o lado estético da vida humana, da relação humana com o mundo; e, o que mais importa, — com a perda da natureza como algo de não criado pelo homem, nem por ninguém, como algo do eterno e de incriado — significa a perda do sentimento de que o homem é parte de um grande todo, comparando-se ao qual ele se pode dar conta da sua pequenez e da sua grandeza (Kosik, 2002, p. 77-78).

Assim, a arte é muito mais do que o momento recreativo, o sentido lúdico em trabalhos de educação ambiental — ainda que a esse seja constantemente associada e reduzida. O divertimento e a alegria de estar com o outro em diálogo são fundamentais, mas usar as artes como técnicas isoladas para favorecer esses momentos é fragmentar o que é uno e único, é reduzir o potencial criador às técnicas, é limitar o alcance de algo que, no todo estruturado de um caminho metodológico inspirado na educação ambiental crítica, traz a valorização pessoal junto ao sentido político da ação pessoal e coletiva na transformação da realidade.

Sendo categórico: a radicalidade artística que se faz com o povo e pelo povo é necessariamente anticapitalista e profundamente criadora no fazer educativo.

Comunicação popular

A comunicação popular é originária dos movimentos sociais, particularmente do movimento operário e sindical e das comunidades eclesiais de base (CEBs), inspiradas na teologia da libertação e na educação popular. Logo, partilha algumas das raízes que fundaram a educação ambiental crítica e só por isso seria merecedora de maior atenção por parte de quem a realiza. Diferentemente de outras formas de conceber a comunicação na articulação com a educação, a comunicação popular busca explicitamente finalidades antissistêmicas que não permitem dúvidas quanto à sua pertinência para quem trabalha com o pensamento crítico educacional.

Atualmente, caracteriza-se como um conjunto de processos comunicativos variados (orais, visuais, audiovisuais, impressos e digitais) feitos a partir dos oprimidos, de suas falas e visões de mundo. A comunicação popular não é a que se realiza para o povo, mas que é feita pelo povo e com o povo. Isso é importante de se dizer, pois tem implicações concretas no momento de escolha das técnicas, suas linguagens e modo de fazer.

Não são compatíveis com a comunicação popular produtos comunicacionais que ignoram a linguagem daqueles para quem se dirige — ou que não são feitos, decididos e têm seu conteúdo linguístico produzido pelo próprio povo. Já vi inúmeras vezes projetos de comunicação articulados a projetos de educação ambiental com materiais que não mobilizam ou despertam interesse de grupos populares. Por vezes, quando a linguagem é muito distante e o instrumento adotado literalmente não comunica, geram desinteresse e mesmo afastamento. Esse é muito mais do que um cuidado metodológico a ser tomado: é uma exigência de princípios e de coerência teórica, epistemológica e política.

A comunicação popular aglutina processos culturais de manifestação e reivindicação, que são objetivados por meio de instrumentos como vídeo-reportagens, documentários, fanzines, jornais murais, blogs, redes sociais, sítios, canais de vídeo, cartazes, faixas e rádios comunitárias, entre outros. Possui, portanto, uma finalidade explícita de transformação social e de fortalecimento da cultura popular por meio da socialização de informações e práticas e pela apropriação técnica de meios que permitem sua realização.

Ao ser não só o conhecimento das técnicas, mas a própria produção popular e coletiva da peça comunicacional, de sua linguagem e do que será informado, a comunicação se intersecciona à educação ambiental crítica. Para além do domínio de técnicas e processos, o caráter educativo se mostra pela própria produção dos conteúdos comunicados que decorrem de um aprendizado, pois esses, para serem definidos e escolhidos, exigem o respeito ao método antes indicado de problematização, delimitação da questão, estudo, sistematização e seleção de mensagens que formam o ato de comunicar.

Assim, a comunicação popular depende da educação popular para ser feita em sua completude, e potencializa esta por seus meios que comunicam, envolvem e mobilizam para a intervenção social e para o gosto em conhecer.

Teatro do oprimido

A relação entre o Teatro do Oprimido (TO), a educação popular e a educação ambiental crítica é direta e evidente. A própria denominação é uma referência à obra *Pedagogia do oprimido*, de Paulo Freire. Seu arcabouço teórico e metodológico foi criado por Augusto Boal, um dos mais destacados dramaturgos brasileiros.

Tanto Boal quanto Freire, ao partirem de premissas da tradição crítica, acreditavam na transformação da sociedade e no desenvolvimento da liberdade humana por meio de processos artísticos e educativos, desenvolvidos com base na participação e no diálogo entre aqueles que estão na condição de oprimidos (Boal, 2005). Nesse sentido, o TO se diferencia do uso de outras linguagens artísticas teatrais disponibilizadas e apropriadas pela educação ambiental.

Especificamente, o TO tem na linguagem teatral um meio para o trabalho sensorial, perceptivo, de desmecanização do corpo, de estímulo à solidariedade e acolhimento do outro por meio de seis técnicas principais: o teatro-imagem, o teatro-jornal, o teatro invisível, o arco-íris do desejo, o teatro-fórum e o teatro legislativo. Ao nos apropriarmos desses mecanismos que organizam o processo teatral e o direcionam para a superação das relações de opressão, temos a possibilidade de refletir sobre nossas ações na esfera individual e coletiva, transformando a nós mesmos e contribuindo para a modificação das relações sociais. No caso da educação ambiental, essas transformações emergem da explicitação de problemas cotidianos e de conflitos ambientais constituintes dos grupos, que são problematizados e trabalhados na produção teatral.

A premissa básica do TO é a participação na dramatização teatral. O compartilhamento de experiências e a identificação de situações de opressão são a base para a construção de cenas. Essas, por sua vez, trabalham tais situações, expressando-as por linguagens variadas de modo problematizado como meio para buscar novos conhecimentos e enfrentamentos da realidade que oprime. No TO, a premissa pedagógica de Paulo Freire se leva com rigor máximo: toda a denúncia de dada situação é acompanhada de alternativas elaboradas pela crítica produzida, anunciando possibilidades concretas de atuação.

O uso da encenação como linguagem também ajuda na superação do uso estrito da escrita e da fala, que são meios melhor apropriados pelas classes dominantes e que, portanto, se forem as únicas formas para se dialogar e expressar posições, tendem a reproduzir as desigualdades na educação. A linguagem corporal iguala no diálogo. A mescla de linguagens do TO possibilita outros arranjos dialógicos potentes para a educação ambiental crítica.

No entanto, toda a preparação para chegar a isso envolve um conjunto vasto de dinâmicas, dramatizações, jogos e técnicas corporais que podem ser utilizadas de modo sistemático como uma atividade própria da educação ambiental, e junto a outras atividades, desde que orientadas para os mesmos fins, como: eventos públicos, oficinas, cursos, reuniões e preparação para a participação política em espaços decisórios (conselhos, audiências, fóruns, comitês etc.).

Vale e muito a pena conferir e abrir o diálogo com aqueles que conhecem e sabem fazer o TO em sua proposta original. A aproximação que tenho acompanhado entre educadores e educadoras ambientais e profissionais-militantes do TO é das mais animadoras em novos processos de educação ambiental crítica no país.

Povos tradicionais como sujeitos prioritários

Toda a argumentação desenvolvida indica o entendimento de que a finalidade da educação ambiental é a transformação radical das relações sociedade-natureza em suas manifestações pessoais e coletivas, naquilo que compete ao processo educativo. Derivam desta outras possíveis finalidades e objetivos que se configuram em torno de projetos e programas.

Logo, para a educação ambiental crítica, o ato educativo é intencional e político, o que implica em saber com quem construímos o fazer educativo e para qual finalidade. Educação sem sujeito definido é transmissão de conteúdos abstratos por meio de uma linguagem genérica, que tira o conhecimento da materialidade das relações sociais. Por isso, consolidar o processo educativo exige conhecermos com quem trabalhamos e dialogamos.

Alguém pode perguntar se o trabalho com a coleta seletiva de resíduos sólidos, por exemplo, exige essa definição prévia. Afinal, as técnicas de separação e os comportamentos associados são universais. Essa é uma postura, por sinal, muito comum entre programas governamentais que querem replicar projetos em toda e qualquer situação. Aqui recai-se no que já indiquei como discussão sobre atividade fim e atividade meio. Se a finalidade é a atividade em si, até é razoável criar padrões replicáveis, que se ajustam no fazer, ainda que eu tenha sérias dúvidas de sua efetividade. Contudo, se o processo educativo se insere na perspectiva crítica, não há como. Junto à aplicação da ação, buscam-se conhecer as condições de sua realização, a forma como ela condiciona a vida das pessoas, e se desenvolve um conjunto de outras atividades que permitem a elaboração de conhecimentos e práticas voltados à tomada de consciência e à transformação de relações. Até mesmo uma ação consensual, como a coleta seletiva de resíduos sólidos, busca objetivos distintos e caminhos específicos de acordo com o público participante. Afinal, se faz para quê? Para quem? Com quem? Por quais motivos?

O ponto de partida para uma abordagem crítica é: a educação, para cumprir fins públicos e de emancipação humana, se produz com aqueles que estão na condição de subalternidade, de expropriação e opressão (trabalhadores assalariados, precarizados e informais, camponeses, indígenas, quilombolas, povos tradicionais em geral). É nesse sentido, inclusive, que a reconhecida proposta de educação ambiental crítica desenvolvida pelo Ibama, que veio a ser denominada educação no processo de gestão ambiental, tem como um dos seus princípios para as ações planejadas a clara definição de com quem o processo é feito.

Esse posicionamento e a explicitação de quem é partícipe receberam o nome de "sujeitos prioritários do processo educativo". Prioritários no sentido de ponto de partida e de participantes da elaboração — e não de maior importância em relação às demais pessoas. A escolha tem o propósito de definir a perspectiva de atuação, e não de hierarquizar (Quintas, 2000; Quintas; Gomes; Uema, 2006).

Em termos pedagógicos, tais sujeitos históricos são prioritários — o que não significa que sejam os únicos — no diálogo, no envolvimento e na construção das ações, uma vez que formular participativamente com eles representa situar concretamente a prática educativa no contexto sociocultural e econômico e em suas contradições.

Se um educador trabalha com todos abstratamente ou com indivíduos pensados sem lugar social, a tendência é reproduzir o padrão de relações hierarquizadas entre grupos e saberes. Quando as pessoas são inespecíficas, a experiência mostra que o que fazemos é reproduzir o que existe. Aí está o cerne, na prática, da naturalização das relações existentes, que leva ao uso da educação como um poderoso instrumento ideológico de reprodução do padrão de dominação, de banalização dos preconceitos e da discriminação.

Se queremos relações horizontais, respeito e diálogo, temos que reverter as desigualdades postas e impostas, e colocar em condição de igual quem se encontra em situação de oprimido.

Como nos diz Freire (1992, p. 110):

> A questão que se coloca não é a de se há ou não educação sem conteúdo, a que se oporia a outra, a conteudística porque, repitamos, jamais existiu qualquer prática educativa sem conteúdo [...] O problema fundamental, de natureza política e tocado por tintas ideológicas, é saber quem escolhe os conteúdos, a favor de quem estará o seu ensino, contra quem, a favor de que, contra que.

Como explicitei no começo do livro, meu foco aqui são os povos tradicionais. Portanto, vou me ater a colocar alguns elementos que os identificam diretamente como grupos prioritários no protagonismo educativo ambiental crítico, considerando a especificidade do capitalismo brasileiro e seus impactos e conflitos ambientais.

De um modo geral, são grupos que possuem elevado grau de vínculo e dependência de seus territórios, e práticas econômicas e culturais estabelecidas na reprodução das condições básicas de vida. Esse ponto é fundamental de ser reconhecido. Conheci experiências, por exemplo, de realocação de camponeses, expulsos de suas terras originais para outras, no mesmo estado, mas em região distante. Essa mudança foi o suficiente para perderem a capacidade de plantar e produzir, pois a qualidade e tipo da terra, o clima, as variações genéticas das espécies plantadas eram diferentes. As técnicas tradicionais são transmitidas no contato com a terra e pelo trabalho, respeitando-se os ciclos e características da natureza com as quais interagem e se formam como povos. Mais do que isso, a perda de seus laços vitais com o território produzido e significado culturalmente, constitui a perda do que há de mais sagrado para os povos tradicionais. Para eles, a vida não tem preço e seus territórios não podem ser trocados como mercadorias.

Os povos tradicionais têm seu acesso a direitos sociais básicos e a direitos específicos dificultados, negados ou frequentemente questionados — como se faz de modo intolerante e violento no Brasil com indígenas e quilombolas, principalmente. Dada a invisibilidade social historicamente instituída, apresentam dificuldade para atuar em condição de igualdade em processos decisórios sobre políticas públicas — algo só alcançado por meio de muita luta social e organização. Do contrário, as perdas são flagrantes.

Do ponto de vista das relações de trabalho que realizam e seus impactos no ambiente, possuem:
- Atividade produtiva de baixa interação mercantil, possibilitando práticas de vínculos orgânicos à terra.
- Processos produtivos de baixa tecnologia e vinculados às dinâmicas ecossistêmicas.
- Organização produtiva coletiva ou de subsistência.
- Organização produtiva e cultural de menor impacto em seus usos de recursos naturais.
- Grau elevado de territorialização do processo produtivo e do processo de constituição da cultura.

Sem dúvida, são povos que possuem outras formas de relação com a natureza, cosmovisões que a colocam como unidade à qual estamos ligados, que une sagrado e mundano na existência humana, contribuindo sobremaneira para a consolidação da educação ambiental crítica no país. Não podem, porém, ser olhados romanticamente. É inadequado certo olhar purista ou ingênuo na relação com esses povos. Como todos nós, possuem suas contradições internas, e também as formadas pelas interações com os processos políticos do Estado e com culturas eurocêntricas e conservadoras, configuradas na dominância crescente das expropriações capitalistas. Possuem igualmente hábitos e comportamentos que nos são estranhos e que, sem a escuta e a abertura ao outro pelo diálogo — que propiciam aprendizados na convivência —, se tornam impedimentos.

O fundamental na relação com o outro na formação de um processo educador coletivo, consolidado pelo diálogo, pela confiança e pela empatia, é que, ao definir com quem, para que e contra o que se faz, não se pode ter dúvidas quanto ao significado do que é estar com os povos tradicionais em uma luta desigual no capitalismo latino-americano. Ao mesmo tempo, não se pode ter dúvidas quanto à riqueza de experiências e possibilidades de aprendizado de todos que se estabelece nos movimentos de resistência, criando identidades, fortalecendo tradições, melhorando-nos como seres humanos em nossa capacidade de reconhecer o outro e em nossas relações sociais.

Tradicionalidade

Começarei chamando a atenção para o fato de que temos uma legislação específica que trata de povos tradicionais, expressando o diálogo aberto com eles na primeira década dos anos 2000. Há pouco mais de uma década, a normativa que dá algum nível de amparo legal nas lutas sociais dos povos tradicionais é a Política Nacional de Desenvolvimento Sustentável de Povos e Comunidades Tradicionais — Decreto n. 6.040, de 7/2/2007. Essa lei reflete em grande parte uma posição majoritária entre estudiosos e militantes ligados ao assunto e diz, em seu artigo 3º, que povos e comunidades tradicionais são aqueles que, além de se reconhecerem como tais, utilizam um conjunto de conhecimentos e práticas gerados e transmitidos pela tradição em seus processos de organização, uso e ocupação de territórios. Textualmente, afirma:

> Art. 3º Para os fins deste Decreto e do seu Anexo compreende-se por:
> I - Povos e Comunidades Tradicionais: grupos culturalmente diferenciados e que se reconhecem como tais, que possuem formas próprias de organização social, que ocupam e usam territórios e recursos naturais como condição para sua reprodução cultural, social, religiosa, ancestral e econômica, utilizando conhecimentos, inovações e práticas gerados e transmitidos pela tradição.

O decreto estabelece como seus princípios, entre outros:

- A valorização da diversidade cultural manifestada por eles. Essa característica é uma das maiores potencialidades das comunidades e um dos pontos mais relevantes para a educação ambiental. Com a relação orgânica com a terra e o tipo de trabalho não alienado, o sociometabolismo com a natureza acaba por se expressar em formas culturais das mais variadas, dentro de cada cosmovisão que orienta as crenças, valores e costumes. Identificar e valorizar as culturas e interações seculares é um caminho potente para se criar a distinção em relação à homogeneização e hierarquização cultural impostas pela forma capitalista, promovendo a valorização do que é distinto da norma, a consciência crítica e a autoestima.

- A erradicação de todas as formas de discriminação e intolerância a que estão submetidos. Definitivamente, não há sociedade integrada à natureza que a respeite se não há respeito, escuta e acolhimento entre pessoas e grupos na vida social. A luta — e o aprendizado que se dá por meio dela — contra toda e qualquer prática e ideologia que afirmem como verdade uma única forma de religião, cultura e organização social é parte constitutiva da educação ambiental crítica.

- A segurança alimentar e nutricional. Não só por ser algo fundamental para a sobrevivência estrita, mas também porque se vincula à manutenção de aspectos culturais que se expressam no tipo de comida feita, na relação com o sagrado, na celebração coletiva na colheita, no preparo e consumo de pratos que promovem a celebração coletiva e fortalecem os laços de pertencimento comunitário.

- A promoção do exercício de cidadania, inclusive o direito à participação em espaços decisórios, como meio para assegurar direitos e democratizar políticas públicas. Esse é um princípio intrínseco à educação ambiental crítica, uma vez

que essa é praxiológica, fundada na inseparabilidade entre teoria e prática, indivíduo-coletividade.
- A articulação das políticas públicas específicas para grupos tradicionais com outras políticas públicas como condição para a promoção da dignidade humana. A conquista política não se estabelece apenas com vitórias em relação a pautas específicas. Quando não são igualmente conquistados aspectos universais (educação, saúde, seguridade social, saneamento, ambiente ecologicamente equilibrado etc.), a tendência é que os recuos sociais se intensifiquem, colocando em risco a democracia e um mínimo de igualdade social e ambiental.

Essa direção normativa tomada no Brasil por um período reflete uma tendência internacional de reconhecer os territórios indígenas e tribais como uma unidade indissolúvel entre os componentes naturais e sociais — exigência para a manutenção de seus modos de vida e respeito à diversidade cultural e biológica.

O principal instrumento utilizado por diferentes países nessa direção é a Convenção n. 169 da Organização Internacional do Trabalho (OIT), vinculada à Organização das Nações Unidas (ONU), da qual o Brasil é signatário, devendo cumprir suas exigências. Essa toma por povos tribais coletividades existentes que se diferenciam por suas tradições e costumes, sendo um modo genérico de abordar o que se denominou no Brasil por povos tradicionais.

Em seu artigo 2°, afirma:

> 1. Os governos deverão assumir a responsabilidade de desenvolver, com a participação dos povos interessados, uma ação coordenada e sistemática com vistas a proteger os direitos desses povos e a garantir o respeito pela sua integridade.
> 2. Essa ação deverá incluir medidas: a) que assegurem aos membros desses povos o gozo, em condições de igualdade, dos direitos

e oportunidades que a legislação nacional outorga aos demais membros da população; b) que promovam a plena efetividade dos direitos sociais, econômicos e culturais desses povos, respeitando a sua identidade social e cultural, os seus costumes e tradições, e as suas instituições; c) que ajudem os membros dos povos interessados a eliminar as diferenças socioeconômicas que possam existir entre os membros indígenas e os demais membros da comunidade nacional, de maneira compatível com suas aspirações e formas de vida.

As normas criadas e instituídas trazem balizamentos legais importantes para as práticas e políticas promovidas ou realizadas com e por tais povos. É uma legislação que está sob ameaça, questionada por grupos que, por motivações econômicas decorrentes do potencial de exploração mineral, madeireiro e da biodiversidade de seus territórios, tentam flexibilizar as normas de proteção asseguradas pelo Estado e a garantia de direitos que buscam reduzir as injustiças históricas contra eles.

No caso específico de índios e quilombolas, observa-se, junto aos interesses econômicos e políticos, um discurso ideológico — explícito ou velado — que encarna o racismo existente no Brasil. Com isso, a pressão político-econômica ganha ares de aceitação por parte da população, que crê que tais povos são inferiores moralmente, primitivos em suas cosmovisões, merecedores, na melhor das hipóteses, de caridade. Tamanho absurdo leva a práticas econômicas e políticas de Estado direcionadas para a inserção subordinada e subalternizada desses povos no modo de vida urbano, no controle dos territórios e nas relações de trabalho assalariadas.

Essa subalternização, é preciso dizer, manifesta-se também em momentos mais sutis e de modo não intencional, por exemplo, quando observamos o uso performático em eventos de educação ambiental de manifestações tradicionais que não podem ser apenas expostas para regozijo de uma plateia que se mostra simpática às lutas dos povos tradicionais. É válida uma aproximação por meios variados, mas é preciso zelo e cuidado. Uma manifestação cultural ou uma prática cotidiana precisam ser tratadas com o máximo respeito, sentidas e vivenciadas em processos dialógicos. É possível estar de modos muito diferentes em um evento ou processo educativo, mas com a sensibilidade para não cairmos na repetição daquilo que buscamos superar. É preciso trazer as culturas para a estrutura dos eventos, chamando seus sujeitos para o diálogo e a construção coletiva que propicie uma mudança qualitativa dos debates e aprendizados.

Outra ilustração são os pratos típicos das tradições africanas. Não são apenas saborosos. Representam a comunhão do trabalho humano com o sagrado, o fruto do suor do trabalhador com o que a natureza nos propicia. Dependendo da região e tradição em África, representa uma força da natureza — que é uma divindade, sendo a ela consagrado. Assim, celebrar pelo alimento é compartilhar com o sagrado e com o mundano, com o outro, é promover a união do povo pelo prazer da realização do trabalho coletivo feito e culturalmente significado. Compartilhar o alimento, cantar, dançar, são partes dessa unidade que é de uma complexidade simbólica e corporal poucas vezes entendida ou respeitada.

Portanto, a luta pela soberania territorial e pela diversidade cultural dos povos tradicionais e seu reconhecimento pelo Estado e a sociedade em geral não é só uma questão de dívida histórica a ser superada, ou de exaltação a práticas que despertam curiosidade, simpatia ou gosto, mas de garantia de direitos sociais e de existência de modos de vida distintos dos interesses do capital e de seu padrão civilizatório — modos com os quais aprendemos e nos nutrimos para as lutas.

As tradições são garantidas pela transmissão de costumes, códigos morais, memórias e ritos que organizam uma comunidade, ocorrendo, em larga medida, por meio da repetição de comportamentos essenciais, transmitidos oralmente e pela experiência intergeracional. Não é por acaso que os "mais velhos" são muito respeitados e valorizados, e vistos como memória viva, guardiões de saberes milenares que muito nos ensinam sobre a vida e sobre como viver com respeito ao outro e à natureza. Além do respeito geracional — algo por demais esquecido em uma sociedade que transforma as pessoas com mais idade em um "peso" por deixarem de ser força de trabalho disponível para o mercado ou por não possuírem condições de consumo adequado —, a oralidade favorece um conhecimento com base nas experiências concretas e em um ritmo de aprendizado distinto da velocidade a que somos submetidos nos ditames do trabalho capitalista. Aprender por outras linguagens e ritmos é igualmente um desafio dos mais significativos aos educadores ambientais, e é uma das fontes de dificuldades e estranhamentos em processos educativos que desconsideram tais especificidades.

Como nos lembra Postone (2014), a organização do tempo de trabalho e das tarefas diárias com base nas horas do relógio — e a adoção desse instrumento na medida do tempo — se universalizou com o avanço das relações de produção capitalista e a industrialização. Nessa forma social, o tempo de trabalho é a medida fundamental para a definição do valor econômico das mercadorias. Com isso, naturalizamos a organização da vida em torno do relógio e desaprendemos a ter outros tempos saudáveis: o tempo dos ciclos naturais, o tempo de amadurecimento das ideias e argumentos, o tempo para contemplar a natureza e o que é belo, o tempo do corpo, o tempo da relação com o outro...

> A generalização da produção fabril destruiu as formas anteriores de vida onde a própria noção de trabalho enquanto atividade ou dimensão destacada da vida social não existia e o tempo era percebido pelos sinais da natureza (a duração do dia, a maré, o

regime das chuvas, o ciclo do plantio e colheita etc.), pela analogia com tarefas (cozinhar o arroz, fritar algo, cozinhar um ovo etc.) e pelos rituais religiosos (o tempo de rezar o terço entre os cristãos, por exemplo). Esta forma de ordenar o tempo é incompatível com a sociedade industrial capitalista, pois esta exige a sincronização de diversas etapas que se distribuem em uma ampla rede de produção — extremamente complexa e de escopo tendencialmente mundial — que responde em última instância à acumulação capitalista e a sua pressão homogeneizadora. É este tipo de organização da vida material que impõe a temporalidade abstrata e linear do tempo medido pelo relógio sobre as demais formas de se experimentar e viver a temporalidade. E este tempo tem uma forma particular, pois ele é convertido — ou socialmente percebido deste modo — como uma unidade de medida que opera externamente aos fenômenos e que, portanto, é capaz de indexá-los. E é neste ponto que, com a consolidação do capital, as duas forças niveladoras se encontraram historicamente: a associação crescente entre o tempo e o dinheiro passa a balizar a vida concreta das pessoas que, desde então, só conseguem se socializar tendo como referência estas duas abstrações. (Mariutti, 2018, p. 6 e 7).

Para uma larga literatura especializada, dentre as quais estão Diegues (2004) e Fleury e Almeida (2007), os traços culturais e as características mencionadas no item anterior, e anteriormente neste item, são comumente associadas aos povos tradicionais. No conjunto, elas expressam o que vem sendo denominado de etnias sustentáveis, ou seja, grupos com culturas que favorecem a preservação e a conservação ambiental, ampliando a capacidade de suporte da natureza diante do imperativo de satisfação às necessidades humanas historicamente criadas.

Os estudos e as pesquisas sobre os povos tradicionais indicam que suas práticas ancestrais propiciaram no passado interações de manejo dos biomas, favorecendo a biodiversidade.

Assim, constata-se que a diversidade biológica existente não é apenas derivada de fatores naturais, mas da interação com formas sociais de coexistência não destrutivas das condições que possibilitam a vida. Atualmente, é possível afirmar com segurança que a diversidade biológica está intimamente associada à diversidade cultural. Portanto, os saberes tradicionais mobilizam sujeitos e têm muito a ensinar, ajudando na materialização de práticas alternativas e na problematização do modo de vida capitalista, urbano-industrial e eurocêntrico (Moutinho da Costa, 2011).

Diante disso, um aspecto fundamental a ser considerado por um trabalho educativo com povos tradicionais é superar a visão restrita e tipológica de que a tradição transmitida é algo estático, condenado a desaparecer com o progresso científico e material. Esse é um entendimento etapista que se consolidou com a colonização e a hegemonia do pensamento burguês. A forma de se tentar justificar o domínio e a destruição do outro é tornar universal a crença de que o capitalismo é a única forma social "fiel" à natureza humana — egoísta, competitiva, individualista, utilitária etc. — e à plena realização da condição humana, sendo, portanto, aceitável que outras civilizações e culturas sejam eliminadas por um processo seletivo, como se fosse natural.

Não vou discorrer sobre os problemas desse tipo de leitura de mundo, algo que já fiz em livro anterior (Loureiro, 2012). Quero apenas chamar a atenção para o fato de que escutar as tradições e aprender com elas não significa ficar preso a um passado hipoteticamente mais sustentável do que o presente, nem que tenhamos que virar indígenas, quilombolas ou caiçaras. Não é, portanto, uma questão de voltar no tempo para buscar algo perdido. Significa uma opção política de construir um outro mundo possível, estando em diálogo com aqueles que, junto com os trabalhadores assalariados superexplorados, portam a negação objetiva daquilo que destrói e subordina a vida à acumulação de riqueza material produzida por meio da violência e do sofrimento.

A tradicionalidade, nesses termos, configura-se como uma leitura do presente que considera o passado e permite a projeção para um futuro sem perda significativa dos costumes, valores, culturas e modos de convivência que se mostraram historicamente viáveis e decisivos para a reprodução de certos grupos sociais ao longo da história. É, portanto, o inverso do estático: um movimento permanente de interpretação do que é realizado, identificando o que une passado, presente e futuro. Tradição é respeito. Desse modo, as ritualísticas e práticas culturais dos povos tradicionais apontam fortemente para a manutenção da existência do grupo pela permanente mudança, sem a perda de traços culturais por meio dos quais se identificam e produzem sentidos de pertencimento.

Esse aspecto se desdobra na importância educativa, política e social das tradições, pois, como verificou Hobsbawm (1984), em momentos de profunda crise do modo de organização da sociedade, recorre-se com frequência às tradições. Isso ocorre, segundo esse que foi um dos maiores historiadores do século XX, porque as tradições permitem, por suas dinâmicas, pensar objetivamente em alternativas ao existente a partir de raízes bem fincadas — sendo esse o sentido de utopia posto por Paulo Freire.

Ao constatarmos a crise, nós, que reproduzimos em grande medida os padrões dominantes, tendemos por vezes ao imobilismo ou à insatisfação, que resultam em ações individualistas que podem perpassar a caridade ou a indiferença diante do sofrimento humano. Os povos tradicionais, com seus costumes ancestrais, podem servir como aprendizagem e exemplo de que a ação coletiva encontra o novo sem perder o respeito à história de um povo e sua ancestralidade.

Ancestralidade

A partir de minhas ligações com os quilombolas e com tradições religiosas ligadas a culturas africanas, posso dizer que a ancestralidade é a categoria principal para entender os sentidos presentes nas práticas de povos de matriz africana ou que tiveram alguma influência da cultura negra em sua formação. Poderia dizer também que é um conceito-chave para os povos originários e as culturas milenares orientais. Contudo, não entrarei nesse nível de detalhamento.

Não há prática social possível entre povos tradicionais em que a ancestralidade não se faça presente ou que não seja lembrada ou reverenciada. É algo delicado, que se manifesta por várias linguagens e nos propicia um aprendizado único — algo muito importante de ser compreendido. Ela tem aspectos explícitos e outros bem sutis, para os quais se deve estar atento, e ainda outros que só a prática e a convivência revelam. Na verdade, grande parte do que se refere à ancestralidade não se escreve, mas se vivencia e se entende. Logo, o diálogo e o respeito à ancestralidade é uma exigência, ou simplesmente o processo educativo não acontecerá.

A dimensão mais visível da ancestralidade é o reconhecimento e a valorização do legado que nos foi destinado a partir de nossos antepassados. As práticas culturais, as reuniões, as oficinas ou qualquer outra atividade coletiva se dão por meio da gratidão por aqueles que criaram e transmitiram saberes que possibilitaram a realização de algo na atualidade. O legado é o ponto de partida, a partir do qual criamos e readequamos segundo as exigências de nosso tempo. Há, assim, um aspecto de respeito e reverência, lembrando-se de nomes e famílias que contribuíram com o que existe hoje, e um aspecto de resgate histórico, evidenciando as raízes a partir das quais os troncos, galhos, folhas e frutos se desenvolveram. A ancestralidade ajuda no entendimento da consciência histórica e valoriza a vida de todos que são parte do que somos como humanidade.

Esse primeiro aspecto destacado ajuda a evitar que se removam as expressões linguísticas das relações históricas, das histórias de vida, das necessidades que foram saciadas pelo trabalho e receberam um significado cultural. Por exemplo, uma dança africana não é apenas um conjunto harmônico de movimentos esteticamente belos e sensuais que pode ser repetido por qualquer um que queira. Lembrando o que já foi colocado: a mecanização, a repetição instrumental é a negação da arte e da criatividade humana. Cada um pode experienciar como desejar, mas, na perspectiva das lutas emancipatórias, é preciso ir além do aparente.

Cada movimento tem um motivo e, de um modo geral, expressa formas de trabalho e crenças espirituais que indicam certas visões de mundo. O samba de lata, por exemplo, nasce da rotina de trabalho e de cuidados domésticos das mulheres negras em seus afazeres, quando da lavagem das roupas na beira dos rios, e da gratidão com as forças da natureza que as acompanham — no caso, representadas pelos orixás —, trazendo a alegria de viver mesmo em situações de exploração e desgaste físico ou mental. Assim, a dança traz não só movimentos corporais que permitem o prazer, mas movimentos que portam o gosto de compartilhar a vida com o outro e um ensinamento histórico pela linguagem corporal. Tal linguagem traz também outras linguagens associadas que dizem muito sobre tais manifestações. Assim, as cores das roupas, o tipo de vestimenta e os turbantes falam e comunicam cosmovisões e valores que regem culturas. Isso vale não só para o exemplo dado, mas também para o jongo, o maracatu e uma infinidade de expressões, muitas das quais resistem como são ou estão se modificando por questões religiosas ou por força das pressões sobre os territórios tradicionais.

O ato educativo se dá aqui fundamentalmente pela contação de histórias e relatos, pela vivência corporal, pelo trabalho com conteúdos que daí emergem e pela reflexão propiciada, permitindo transcender a experiência. Seguindo o exemplo citado, conteúdos como as relações de trabalho, a escravidão, o racismo, os direitos sociais, os usos e simbolismos da água, o acesso à água, os sentidos do trabalho, a interação com a natureza pelo trabalho e pela cultura, a religiosidade, a espiritualidade, a tolerância e a diversidade cultural, entre outros, são potencialmente interessantes.

A segunda dimensão é de uma apreensão não tão imediata. Remete à compreensão de que passado e presente, sagrado e profano, sociedade e natureza estão juntos e em qualquer tempo. Revela-se em gestos como cumprimentar a terra com a mão ou a cabeça, curvar-se diante do mais velho — ou fazer outro movimento que indica humildade e gratidão —, andar descalço em certos espaços, dançar com o quadril e pisadas fortes voltadas à terra. Eles indicam o reconhecimento de que só se existe porque os antepassados e os mais antigos criaram um caminho na terra que dá direção no caminhar, e que a terra é o chão que permite agir, trabalhar e se alimentar. Sem a terra, não haveria vida humana nem aprendizado. Existe-se hoje com a ancestralidade.

O ato educativo nessa dimensão leva ao desenvolvimento de valores coletivistas como humildade, respeito, solidariedade, gratidão, e traz a possibilidade de uma compreensão coletiva integrada e refinada de natureza e do que é humano, além de uma noção de tempo não fragmentado.

Por fim, uma terceira dimensão é a noção de ciclo contida na ancestralidade. Para as tradições, a vida é um ciclo permanente entre nascimento, crescimento e morte, sendo que esta não é término absoluto, pois o antepassado se faz presente pela ancestralidade. Independentemente de se acreditar em renascimentos ou não, o fundamental é que há um entendimento de que, em nossa finitude humana, somos infinitos em possibilidades praxiológicas e em legados. Isso cria um sentido de responsabilidade com as futuras e presentes gerações que é de enorme valor para o debate ambiental.

A ancestralidade, nesses termos, é imortal.

No mais, deixo minha esperança de que mergulhem nas tradições ancestrais, abrindo-se para novos mundos e rumos para a sociedade.

MOMENTO II

Este momento foi concebido com o intuito de tratar teoricamente de apenas dois pontos específicos, que julgo dos mais importantes no contexto em que vivemos no país e na educação ambiental. Reparem que ele funciona como um eixo de articulação entre os momentos I e III, buscando trazer explicações que facilitem o entendimento de aspectos discorridos e trabalhados nesses outros momentos.

Selecionei esses dois debates também por considerar que normalmente aparecem de modo implícito ou são desconsiderados nos textos do campo ambiental, perdendo-se a oportunidade de elaborar um conhecimento mais maduro dos fundamentos daquilo que se quer fazer e de por que fazer.

A afinidade afetiva e ideológica com um posicionamento na educação ambiental é importante, mas não é suficiente, principalmente em tempos em que todo e qualquer pensamento crítico e histórico é violentamente atacado por ideologias que se sustentam em argumentos frágeis inspirados no total desconhecimento das premissas de onde partem tais formulações. Por outro lado, vejo como educadores ambientais, por vezes, mostram-se inseguros quando confrontados em suas posições teóricas, o que explicita a necessidade de avançarmos sim nos estudos e pesquisas, aprimorando o processo educativo ambiental crítico no enfrentamento dos desafios societários que estão colocados.

Particularmente a segunda temática — a ontológica — foi escolhida por se referir ao domínio, ao fundamento do ser social e, portanto, a como concebemos o ser humano. A discussão ontológica foi, ao longo do século XX, em muito desconsiderada, alegando-se que é pura metafísica estabelecer propriedades gerais do ser abstratamente, o que levaria a especulações arbitrárias ou a uma teologia.

O ponto de partida para o pensamento crítico é outro. É pensar no sentido do ser em suas determinações históricas, naquilo que torna possíveis múltiplas existências na materialidade. Afasta-se, assim, de categorias estritamente lógicas e especulativas, que levam a um idealismo que não interesse à nossa perspectiva. Não se está buscando uma ontologia que ache o momento inicial localizado no tempo do que é propriamente humano, mas o fundamento, algo a partir do qual o ser adquire existência.

Esse é um tema espinhoso, que tratarei em seus elementos introdutórios, contribuindo para a observância da coerência entre o que se faz e o que se concebe como princípios da educação ambiental crítica.

Questão ambiental no capitalismo

É muito comum a difusão de um discurso ambientalista que procura atribuir as causas da destruição ambiental ao ser humano, em sua genericidade. Não é de hoje que me contraponho enfaticamente a esse tipo de posicionamento, e quem acompanha minhas publicações sabe que já fiz contra-argumentações variadas (entre outras, Loureiro, 2015). Desta vez, vou enfatizar um aspecto epistemológico, para contribuir com o tipo de discussão feita ao longo do livro e para explicitar a importância da questão ontológica que se segue.

Do ponto de vista epistemológico, é preciso lembrar que, para o pensamento crítico, as analogias simples entre o que realizamos e produzimos em tempos históricos distintos é anacrônico, e geram entendimentos que ignoram as mediações sociais específicas. Com isso, perde-se o principal: a capacidade de explicar algo tendo por fundamento o que lhe é próprio, suas determinações, os modos de existir em/de uma sociedade e suas relações sociais. Resumidamente, para as "escolas" críticas, os conceitos não podem ser entendidos fora de seus momentos históricos, da totalidade social em que se dão, como se fossem ideias independentes.

Conceitos não são estáticos, dando-se na materialidade. São esforços de compreensão e definição de algo e sua expressão pela linguagem. Um mesmo conceito pode apresentar-se de forma diferenciada em sociedades distintas ou em uma mesma sociedade em momentos históricos diferentes (Loureiro; Viégas, 2013).

Por exemplo, o dinheiro, expresso em moedas, depois em notas e hoje em números virtuais, é anterior ao capitalismo. Mas, nesta forma social, ganha em complexidade e, portanto, não pode ser entendido e explicado como se estivéssemos em qualquer outra sociedade anterior. É um meio de troca que facilita o comércio e sua expansão, é uma mercadoria nas trocas financeiras por intermédio do capital bancário, e é a forma por excelência de representação do capital, que é uma relação social que expressa o modo como se produz riqueza pela expropriação e a propriedade privada. É também uma referência material numérica do volume de capital produzido nos circuitos econômicos. Assim, o acúmulo de capital expresso em volume de dinheiro possuído privadamente se torna a condição para a reprodução social em suas formas desiguais: aquele que detém o dinheiro detém o controle da produção, do que se produz e da política de Estado. Se o dinheiro deixar de ser essa referência material, significa literalmente que o capitalismo se alterou ou foi superado como sistema econômico. Assim, dinheiro só pode ser entendido no capitalismo como categoria conceitual que comporta as relações entre os três aspectos mencionados: meio de troca, dinheiro-mercadoria e representação do capital. Fora disso, é uma abstração conceitual que não contribui nem para explicar o que o dinheiro é na contemporaneidade nem para a tomada de consciência crítica sobre a dinâmica societária.

Cabe lembrar que um movimento similar deve ser feito na análise de fenômenos particulares. Não adianta entender as determinações mais gerais do capitalismo se não conseguirmos entrar naquelas que dão materialidade a cada fenômeno. O capitalismo na Alemanha não é o mesmo que o brasileiro ou norte-americano, e assim sucessivamente. É preciso buscar a compreensão de totalidades distintas, complexos relacionais que se inserem em complexos mais amplos ou que contém complexos menores, conforme a questão que nos colocamos.

É razoável traçar uma "história do dinheiro", não no sentido linear de sucessão de fatos, mas no sentido de que o dinheiro que hoje existe decorre de relações econômicas e fenômenos históricos que permitem estabelecer nexos entre o hoje e o passado, levando a um conceito simples — o mais abstrato possível. Para tanto, se parte do mais complexo para o simples, da sociedade dominante atual para outras, identificando as determinações comuns aos diferentes modos de produção da vida e também aquilo que é específico a cada um. Cabe destacar que esse modo de operar o pensamento é exatamente inverso ao positivismo e ao cartesianismo, que partem do simples para o complexo, em um entendimento linear e etapista da realidade, com ênfase no que é comum, permitindo analogias que perdem historicidade.

Assim, para o pensamento crítico, o conceito simples não é suficiente, posto que exprime o que há em comum. Metodologicamente, portanto, é preciso mergulhar nas experiências pessoais e de grupos que permitem confrontar as teorias com o real vivido, chegando a um complexo de determinações que alteram qualitativamente o conceito em sua particularidade (Dussel, 2012). O conceito como pura generalização leva a naturalizações do que é histórico ou a um contínuo no modo de conceber as sociedades.

O conceito como expressão do movimento de apreensão do real é histórico e traz a mudança e a transformação como algo intrínseco ao que existe.

Dizer, portanto, que sempre se destruiu a natureza, pressupõe duas confusões conceituais. A primeira é igualar a destruição com a transformação da natureza para a criação de meios de vida, afirmando que qualquer forma de uso é inerentemente prejudicial. A segunda é dar um conteúdo universal e atemporal à destruição, considerando-a similar em qualquer tempo histórico, favorecendo discursos fatalistas e imobilistas. Alguns exemplos são as frases "as pessoas sempre destruíram", "a destruição começou com o primeiro humano na Terra", e "não importa a sociedade, o problema são as pessoas que destroem", que pensam as pessoas como se fossem independentes das sociedades pelas quais se constituem. Desse modo, perde-se a capacidade basilar de responder: em qual sociedade e, consequentemente, que tipo de pessoa estabelece o que identificamos como destruição ambiental? Perde-se igualmente a capacidade de estabelecer relações, nexos, explicações que permitam a problematização dos fenômenos, a crítica ao existente e a possibilidade de elaborar alternativas com referência à materialidade em que estamos imersos.

Marx e Engels (2007), entre outras obras, já ressaltaram que o que precisa ser explicado não é o fato de sermos natureza, mas o que levou à fratura metabólica sociedade-natureza, às ideologias que concebem o ser humano separado da natureza. Por que essa ênfase? Porque o que queriam destacar é exatamente a necessidade de pôr em questão o que é único e singular e diferencia um momento histórico de outro, uma forma social de outra, possibilitando vislumbrar a criação de alternativas práticas.

> Não é a unidade da humanidade viva e ativa com as condições naturais, inorgânicas, da sua troca metabólica com a natureza, e daí a sua apropriação da natureza, que requer explicação ou é o

resultado de um processo histórico, mas a separação entre estas condições inorgânicas da existência humana e esta existência ativa, uma separação que só é completamente postulada na relação do trabalho assalariado com o capital (Marx, 2011, p. 648).

Mais do que isso, o ato de conhecer, no pensamento crítico, não é uma descrição dos fenômenos e sua sistematização, organizando a realidade de determinada forma. Tampouco é a aplicação formal de um método que reúne técnicas de investigação que nos levam ao conhecimento. É muito mais. É o confronto entre o conhecimento prévio que carregamos em nossas visões de mundo e o real, movimentando-nos em direção a um novo conhecimento que nos mobilize para certos fins. É o movimento metódico de apreensão do real pela explicitação das relações que formam uma totalidade. É um complexo relacional que se torna compreensível.

> O concreto é o concreto por ser a síntese de múltiplas determinações, logo, unidade na diversidade. É por isso que ele é para o pensamento um processo de síntese, um resultado, e não um ponto de partida, apesar de ser o verdadeiro ponto de partida e, portanto, igualmente o ponto de partida da observação imediata e da representação (Marx, 2003, p. 248).

Metodologicamente, buscar se aproximar do que se capta pelos sentidos significa fazer o movimento de desvelamento das relações constitutivas desse algo que se apresenta.

> Parece que o melhor método será começar pelo real e pelo concreto, que são a condição prévia, efetiva: assim, em economia política, por exemplo, começar-se-ia pela população, que é a base e o sujeito do ato social de produção como um todo. No entanto, numa observação atenta, apercebemo-nos de que há aqui um erro.

> A população é uma abstração se desprezarmos, por exemplo, as classes de que se compõe. Por seu lado, essas classes são uma palavra oca se ignorarmos os elementos em que repousam, por exemplo, o trabalho assalariado, o capital etc.
> Esses supõem a troca, a divisão do trabalho, os preços etc. O capital, por exemplo, sem o trabalho assalariado, sem o valor, sem o dinheiro, sem o preço etc., não é nada. Assim, se começássemos pela população, teríamos uma visão caótica do todo, e através de uma determinação mais precisa, através de uma análise, chegaríamos a conceitos cada vez mais simples; do concreto figurado passaríamos a abstrações cada vez mais delicadas até atingirmos determinações mais simples. Partindo daqui, seria necessário caminhar no sentido contrário até chegar finalmente de novo à população, que não seria, dessa vez, a representação caótica de um todo, mas uma rica totalidade de determinações e de relações numerosas (Marx, 2003, p. 247).

A degradação e a destruição ambientais são o imediato com o qual nos confrontamos e são o ponto de partida enquanto questões que nos mobilizam e que queremos superar. E qual é a concretude desse fenômeno? O que há de próprio nele na atualidade que o diferencia de outras formas anteriores de interação metabólica sociedade-natureza?

Seguirei a mesma direção que a linha de raciocínio de dois autores, entre muitos outros possíveis, que ajudam a responder as perguntas anteriores: Marques (2016) e Bihr (2010), intercalados por citações de Postone (2014).

O capitalismo faz uma inversão qualitativamente decisiva em relação a qualquer outra formação social conhecida. A produção de excedentes, ou seja, de produtos além do necessário para a satisfação imediata de sobrevivência, era condição para que as pessoas realizassem algo propriamente social para além de se manterem vivas e enfrentarem adversidades naturais ou ameaças oriundas de outros povos. A industrialização e o avanço tecnológico propiciados pela concorrência capitalista geraram um aumento extraordinário de produtividade e, portanto, de excedentes materializados na forma de capital.

Esses, sob relações de produção fundadas na apropriação privada dos meios e da riqueza produzida, se acumulam em um contingente populacional mínimo. Tornam-se assim a própria finalidade de produzir, reproduzindo uma sociabilidade hierárquica, dominadora, fragmentadora, cujo Estado, cuja economia e cuja política são controladas por quem detém o capital. Com isso, se antes o excedente permitia segurança e sobrevivência, agora, na forma capital, cria risco de sobrevivência em função da destruição progressiva da natureza e da subordinação da atividade criadora humana aos imperativos econômicos.

> Na análise de Marx, a crescente destruição da natureza no capitalismo não se dá simplesmente em função de a natureza ter se tornado um objeto para a humanidade; mas é, sobretudo, um resultado do tipo de objeto em que a natureza se tornou. As matérias-primas e os produtos, de acordo com Marx, são portadores de valor no capitalismo, além de serem elementos constitutivos da riqueza material. O capital produz riqueza material como meio para criar valor. Assim ele consome natureza material não só como substância da riqueza material, mas também como meio para alimentar a sua própria expansão — isto é, como um meio de efetuar a extração e a absorção do maior volume possível de tempo excedente de trabalho da população trabalhadora. [...] A relação entre homem e natureza mediada pelo trabalho torna-se um processo de consumo de mão única, em vez de uma interação cíclica. Configura-se como uma transformação acelerada de matérias-primas qualitativamente particulares em "material", em portadores qualitativamente homogêneos de tempo objetivado (Postone, 2014, p. 361).

A riqueza, transformada em capital, gerou um outro fenômeno igualmente único. A pobreza diante de uma geração monumental de ativos econômicos, culturais e cognitivos. A concentração desses ativos, bem como da renda, ampliou-se no último século, com pequenos intervalos de modestas retrações nos índices de desigualdade. Isso condenou a maioria da população a níveis deploráveis de vida, principalmente se considerarmos que existe capacidade instalada para resolver a fome, o analfabetismo, a insalubridade, algumas doenças epidêmicas e a falta de moradia. Se antes a escassez era decorrente da baixa capacidade produtiva e desenvolvimento tecnológico e científico, gerando a pobreza, agora, tem-se a abundância trazendo a pobreza como a face inversa da mesma moeda. Quanto mais a sociedade revela sua capacidade de produzir riquezas, tanto mais aumenta o contingente de despossuídos das condições materiais de vida.

Esse tipo de estrutura social impede a universalização da infraestrutura básica de saneamento, energia elétrica, água etc., por não serem imediatamente lucrativos. Amplia também as formas de impacto ambiental já presentes no processo produtivo, uma vez que as massas populacionais postas em condições de miséria acabam por pressionar com desmatamentos, poluição hídrica, ocupações desordenadas etc. Além disso, estimula a adesão do trabalhador assalariado, que teme perder seu emprego, ao discurso desenvolvimentista como garantia de estabilidade econômica, mesmo que ampliando a destruição ambiental.

As promessas de felicidade e satisfação pelo consumo insaciável de mercadorias, fomentadas por ideologias difundidas por meio da educação e da comunicação para dar vazão ao gigantismo da produção de mercadorias — muitas absolutamente supérfluas —, geram um ciclo crescente entre consumir, descartar, comprar para saciar desejos que só existem à medida que se trabalha mais para consumir mais. É uma sociedade que transforma até o lazer em mercadoria, criando uma espiral de frustrações.

Com isso, o capitalismo assenta sua aceitação na promessa de um conforto que não se universaliza, de um sucesso meritocrático que agudiza a competitividade e o egoísmo e na ideia de que o crescimento econômico é a única alternativa para gerar bem-estar e prosperidade, ainda que isso signifique o sacrifício da vida — seja ela humana ou não.

A sociedade contemporânea tem outro traço único: é global. O modo de produção capitalista se tornou no século XX a forma dominante e avassaladoramente expansiva de sociabilidade e organização do Estado e da economia. Os bens de consumo, a organização das cidades, as tecnologias e os hábitos são padronizados segundo os parâmetros norte-americanos e europeus. Com isso, efeitos antes localizados se tornam universalizados e com consequências imprevisíveis. A troca mercantil, a vendabilidade universal de mercadorias — inclusive e fundamentalmente a força de trabalho humana — se tornam a finalidade e o sentido para o qual se direcionam as energias criativas. Esse trabalho alienado estabelece a falha metabólica na relação sociedade-natureza, o desrespeito aos ciclos naturais e atinge a capacidade de suporte dos ecossistemas na interação com as diferentes sociabilidades (Foster, 2005).

> Em uma sociedade determinada por mercadoria, as objetivações do trabalho de alguém são meios pelos quais se adquirem bens produzidos por outros; trabalha-se para poder adquirir outros produtos. Os produtos próprios servem a outra pessoa como um bem, um valor de uso; servem ao produtor como um meio para adquirir produtos do trabalho de outros. É nesse sentido que um produto é uma mercadoria: ele é simultaneamente um valor de uso para o outro e um meio de troca para o produtor. Isso quer dizer que o trabalho de alguém tem uma dupla função: de um lado, é um tipo específico de trabalho que produz bens particulares para outros, de outro, o trabalho, independentemente do seu conteúdo específico, serve ao produtor como meio pelo qual os produtos de outros são adquiridos. Isso quer dizer que o trabalho se torna um meio particular de aquisição de bens em uma sociedade

determinada por mercadorias; a especificidade do trabalho dos produtores é abstraída dos produtos que adquirem com seu trabalho. Não existe relação intrínseca entre a natureza específica do trabalho despendido e a natureza específica do produto adquirido por meio daquele trabalho.

Isso é completamente diferente de formações sociais em que a produção e troca de mercadorias não predominam, nas quais a distribuição social do trabalho e seus produtos se faz por uma variedade de costumes, laços tradicionais, relações abertas de poder ou, concebivelmente, decisões conscientes (Postone, 2014, p. 175-176).

Essas formas de interação metabólica com a natureza, estabelecidas no processo de trabalho social, possuem mais um efeito importante, do ponto de vista da educação ambiental, que foi discutido na introdução: a alienação, o estranhamento na relação com o outro. Além do que já foi comentado sobre essa categoria, a relação alienada, o fetiche da mercadoria, impõe no plano cognitivo o que pode ser chamado de mecanismo de dissociação: a perda do entendimento da totalidade social. A fragmentação propiciada pela racionalidade instrumental e pela divisão social do trabalho facilita que se separem mentalmente os impactos ambientais de suas causas. Assim, a norma instituída e o modo como se produz se tornam legítimos ou não problematizados, e a crítica, um questionamento descabido.

Mais do que antes, as lutas se complexificam diante dos desafios postos pela crise ambiental. Isso exige que as formas clássicas de organização dos trabalhadores revisem seriamente suas crenças desenvolvimentistas, que reproduzem as ideologias dominantes, e a fé no crescimento econômico para gerar emprego. Já as organizações ambientalistas precisam considerar sua politização e sua adesão às lutas populares. Os povos tradicionais e demais expropriados, por sua vez, precisam buscar pontos em comum com todos aqueles que possuem suas vidas negadas nessa sociedade, em processos dialógicos que resultem em novas esperanças de transformação social.

Questões ontológicas para pensar a educação ambiental crítica

Conforme Dussel (2018), Marx — tomado como referência intelectual e teórica principal para todo o pensamento crítico — concebe os seres humanos como uma comunidade vivente — o que é distinto de nos conceber como seres isolados, determinados biologicamente, que interagem produzindo uma sociabilidade. A sociedade não é para o autor uma derivação das interações entre indivíduos, mas condição para que se seja indivíduo. Ao mesmo tempo, ela só existe à medida que as pessoas existam. Dialeticamente, um não existe sem o outro.

O conceito de indivíduo autônomo, autocentrado e racional, capaz de escolher livremente, é uma típica abstração burguesa de afirmação do individualismo egoísta e da universalidade da troca de mercadorias, que se ancora em um entendimento da ação humana independente das relações sociais. A oposição entre indivíduo e sociedade é um fenômeno histórico criado pelo antagonismo de classes no capitalismo, cabendo a sua superação com vistas a um novo patamar, em que o indivíduo seja plenamente como tal em sociedade — e não contra essa.

Em Marx, o indivíduo é em comunidade. E essa afirmação decorre do modo como ele analisa diferentes modos de produção e formações sociais ao longo da história. Nesses termos, ser humano é ser social e somente em sociedade se efetiva o que é propriamente humano. A vida humana, que se define pela interação biológico-social, é critério último de juízo teórico e prático, não podendo ser negligenciada, violada ou subordinada à condição de fonte para o trabalho objetivado em relações alienadas, em valor-trabalho que homogeneíza o ato criador humano em equivalentes para permitir precificar as trocas de mercadorias, transformando o que é meio em finalidade da existência.

Assim, a vida humana em sociedade — porque só se vive nesta — é o trabalho vivo, a produção material da existência, a atividade criadora e intencional, a práxis, que são constitutivos das relações sociais e das formas de organização da sociedade. O trabalho vivo, fonte de toda riqueza social, está para além do capital, mas a necessidade de vender a força de trabalho coloca o trabalhador subsumido ao capital, tornando-o parte de sua totalidade alienada.

O que deve ser explicado, pois é fonte de inúmeras confusões e afirmações descabidas, é que não se está afirmando que as relações econômicas — formas pelas quais organizamos e atendemos materialmente nossas necessidades — antecedem as demais na história, mas que essas são ontologicamente mediações sociais fundamentais para que possamos fazer, significar, criar sentidos linguísticos, culturas, formas de organização e distribuição da riqueza social.

Lukács (2012, p. 285), resume essa questão:

> as categorias econômicas [são] categorias da produção e da reprodução da vida humana, [e] surgem tanto no próprio ser humano, como em todos os seus objetos, relações, vínculos etc. como dupla determinação de uma insuperável base natural e de uma ininterrupta transformação social dessa base.

Há mais alguns aspectos importantes que se inserem nessa afirmação do filósofo húngaro. Um primeiro diz respeito à coevolução sociedade-natureza. Desde nossa presença no planeta, as transformações feitas na base natural modificaram ecossistemas, por vezes ampliaram a biodiversidade — por vezes a reduziram —, estabelecendo um processo coevolucionário que se expressa em nossas culturas e cosmovisões e na possibilidade de continuarmos existindo ou não como espécie.

Outro aspecto se refere ao fato de que, mesmo que ser socialmente seja um atributo estritamente humano, nunca e sob nenhuma condição deixamos de ser natureza — o que nos obriga a um senso de pertencimento e de reconhecimento de que tudo o que fazemos ao planeta expressa o modo como nos tratamos enquanto pessoas. O estranhamento do outro é, em última instância, um estranhamento da natureza, e sua destruição é um sintoma de que as relações sociais estão fundadas sob processos destrutivos.

O terceiro é a constatação de que, se buscamos conhecer um fato ou fenômeno, é preciso partir da totalidade social em que esse se insere, não cabendo dissociações entre questões de raça, de gênero, de classe, geracionais, religiosas etc. O que, por sua vez, não significa que possam ser tratadas por analogias ou derivações das questões econômicas. A totalidade é feita por relações, portanto, mediações sociais em que a unidade é do diverso e, para sua compreensão, não se pode prescindir do entendimento do modo de produção da vida.

Insisto nesse ponto para superar definitivamente afirmações descabidas de que o pensamento crítico sofre de um economicismo e um reducionismo à categoria classe social. Isso só seria uma posição razoável se as categorias sociais fossem derivadas da produção material, como em alguns materialismos positivistas. Marx, no entanto, falou algo muito diferente disso. Enfatizou que todas as categorias sociais são mediadas e possíveis no processo histórico de existência material. Uma não antecede ou deriva da outra. Uma se dá pela outra, determinando-se mutuamente. A antecedência ontológica é no sentido de que na práxis, o momento do trabalho enquanto metabolismo sociedade-natureza, produção dos meios de vida, estabelece o salto em que deixamos de ser puramente biológicos e nos tornamos também sociais, determinando a forma como o processo social se dá.

> O trabalho, na medida em que constitui o princípio do homem, deflagra duas cadeias causais-casuais: o indivíduo e o ser histórico-social. Entendo aqui por indivíduo um complexo que é substancialmente *in-dividuum*, ou seja, um ente indivisível entre a singularidade e a socialidade ou genericidade humana que, enquanto humana, é também social. Essas duas séries encontram-se tão intimamente vinculadas que é impossível separá-las; assim, não se pode pensar em um indivíduo [...] apartado da sociedade histórica na qual está inserido, da mesma forma que é impossível vê-lo como um homem-massa, uma entidade confusa e desprovida de identidade (Infranca, 2014, p. 35).

O sentido transformador das relações em uma ontologia do ser social, desse modo, não é uma questão de vontade pessoal. Nasce com o trabalho e sua função mediadora das relações com a natureza, alterando qualitativamente essa e as pessoas, transformando potência em ato. Esse movimento propicia ainda a criação de alternativas, que, ao se efetivarem, estabelecem as adequações entre meios e fins. É oportuno dizer que essas alternativas não nascem, evidentemente, no indivíduo, mas nessas interações. São, portanto, fenômenos sociais que se configuram segundo a consciência histórica dos sujeitos que agem e os limites dessa sociedade.

A rigor, as alternativas possíveis são individuais e societárias — e jamais simplesmente se desdobram dos indivíduos para a sociedade. Assim, se as alternativas se dão na complexidade das relações sociais, a educação ambiental crítica não se realiza do sujeito para o mundo, mas entre sujeitos que coletivamente agem para transformar o mundo e se transformar. Não há, consequentemente, o falso dilema sobre quem vem antes: mudar as estruturas para mudar as pessoas ou mudar as pessoas para mudar o mundo. O movimento de superação na construção das alternativas factíveis é uno.

Nesses termos, o pôr teleológico é o ato intencional que nos leva a escolhas segundo cada situação. Esse ato, que satisfaz necessidades materiais ou simbólicas e nos abre a novas necessidades e alternativas, é um atributo que se localiza estritamente nas ações humanas, com destaque para o trabalho e, no plano da sociabilidade, a educação — e não a história ou a natureza (Lukács, 2010). Com isso, dissolve-se, para o pensamento crítico, a ilusão de que somos necessariamente a finalidade última da natureza — ápice final das espécies — ou de que é inevitável chegar a outra forma social. A superação histórica é uma possibilidade posta como potência pelo capitalismo por força de suas próprias contradições — o que não significa dizer que obrigatoriamente alcançaremos outro patamar civilizatório, por mais que desejemos.

Coerentemente com tudo o que foi escrito, seria um equívoco elementar pensar classe como uma relação estática ou um conceito estático. Afirmar que há duas classes fundamentais no capitalismo serve unicamente para ressaltar que essas são originárias no e do capitalismo, em que há uma classe que detém os meios de produção (a burguesia) e outra que vende sua força de trabalho (o proletariado). Mas classe é uma categoria que se refere ao lugar das pessoas nas relações de produção, às formas de propriedade e apropriação da riqueza social, ao modo como distribuímos tal riqueza e a organizamos — inclusive espacialmente — e ao modo como agimos nessas relações — nossa ação política. Ela remete às expropriações — de terras, conhecimentos, técnicas etc. —, aos "muros" que separam quem tem de quem não tem o que é socialmente necessário para se viver, e à "liberdade" das pessoas para venderem sua força de trabalho, sua corporeidade, transformando os trabalhadores em mercadorias. Classe é um processo e um conceito histórico.

Mais do que isso, é uma categoria conceitual decisiva para não confundir os pares dialéticos igualdade/desigualdade e diferença/homogeneização. O pensamento liberal, que parte do princípio de que a ação humana é estritamente individual — descolada da sociedade —, assume uma ontologia inversa à defendida e naturaliza as desigualdades ao tomá-las como um fenômeno derivado das diferenças humanas. Isso acaba por legitimar o capitalismo como a forma social que corresponde à natureza humana e, portanto, o horizonte civilizatório máximo a ser alcançado.

Junto a isso, transforma a desigualdade e a diferença em conceitos sinônimos. Isso é um problema, um equívoco, uma vez que o par igualdade/desigualdade se refere à produção da riqueza material e seu uso social, enquanto o par diferença/homogeneização remete ao modo como nos singularizamos na vida social. Assim, a igualdade é condição para a plena manifestação das diferenças. Para o pensamento crítico, a igualdade é fértil pela diversidade cultural que faz brotar. Na desigualdade, a diversidade fica obliterada pelas formas de subalternização e submissão aos interesses econômicos de mercado.

O que não se pode é tratar as classes como se não tivessem gênero, cor, crenças, ou seja, como se não tivessem gente. Isso seria assumir uma posição positivista em que os conceitos são validados em sua máxima abstração. Para a dialética marxista, como vimos, o critério último de verdade e de parâmetro, ponto de partida e de chegada, é a práxis, a existência concreta, histórica, relacional e material. Portanto, afirmar que é um conceito ultrapassado ou que não há mais classes sociais é arbitrário, uma afirmação desprovida de parâmetro na realidade, que fragmenta as lutas por transformação social.

Lembremos que o capitalismo surge no final do século XV junto com o capital comercial e a brutal colonização da América, assim como as violentas formas de expropriação dos povos do campo na Europa, retirando deles a propriedade da terra, dos instrumentos e, posteriormente, de conhecimentos e técnicas de produção. Com as expropriações, os sujeitos, os trabalhadores vivos, perdem a condição de produzir diretamente em seu processo de sobrevivência e criação.

A subordinação dos meios de produção aos proprietários, aos detentores do dinheiro, se torna o determinante das relações sociais, alienando o trabalhador do seu produto. Assim, para participar do processo de trabalho, o trabalhador é obrigado a vender sua corporeidade, sua capacidade de trabalho, por uma renda, chamada de salário. Isso define uma relação originária do capitalismo: o sujeito vê seu corpo e seu saber transformados em mercadorias, e não por acaso seu corpo lhe parece algo externo e independente da alma.

Pela primeira vez na história, tudo — ser humano e natureza — pode ser fragmentado, transformado em mercadoria e vendido. A universalidade da troca mercantil configura a subjetividade que passa a encarnar essas relações: o indivíduo na sociedade capitalista, cujo padrão dominante é ser branco, burguês, heteronormativo, cristão, moldado em culturas europeias que foram impostas ao conjunto dos povos. Os demais padrões e modos de vida, quando aceitos ou tolerados, o são na maioria das vezes de forma subalternizada e hierarquizada. Ou ainda, quando possível, são incorporados aos interesses do mercado, inserindo-se na dinâmica de reprodução e ampliação do capital.

Esse aspecto é vital para toda a linha de argumentação adotada no texto. Por exemplo, quando falei no Momento I sobre a importância das artes e culturas para a educação ambiental crítica, tal defesa não se esgota na possibilidade de sua manifestação, ainda que sua relevância seja indiscutível. É preciso entender a valorização cultural e a liberdade artística em um conjunto de lutas mais amplas, em que sejam a afirmação de grupos sociais reconhecidos em condições igualitárias para decidir os rumos políticos e garantir o respeito ao diverso.

A dinâmica societária capitalista inverte o sentido da produção social, que deixa de ser a vida humana em sua sociabilidade e na satisfação de necessidades materiais e simbólicas e passa a ser a produção de riquezas transformadas em capital, que se concentram crescentemente nas mãos de poucos capitalistas. O sujeito se torna o objeto de outro objeto, que é o capital. O produto se torna impessoal. Ou, melhor, o sujeito se torna coisa e a coisa se torna sujeito. Ou, ainda, a coisa se mostra como sujeito, subsumindo a vida humana e vivendo de sua morte.

Para Marx, o capital, ao ser o resultado de expropriações e do controle privado da produção dos meios de vida, é o trabalho acumulado direcionado para fins de reprodução de uma organização social desigual, hierarquizada, que separa trabalho intelectual de trabalho manual, que instrumentaliza a produção. É trabalho morto. Não por acaso, o denomina de sangue coagulado, aquele que não mais circula e propicia a manutenção da vida.

A inversão social operada está na base do fetichismo, da adoração do objeto criado e transformado em mercadoria, bem como do ocultamento das relações que o produzem. Ela afeta, portanto, o momento crítico — de busca do conhecimento das relações ontológicas, constitutivas de algo — e ético — de capacidade de julgamento das relações que trazem em si o sofrimento e a obliteração da liberdade criativa. Leva ainda a um ocultamento epistêmico da realidade, que fica circunscrita à imediaticidade do aparente.

Atente-se. O que se está dizendo é que, para o pensamento crítico, as disjunções tão questionadas e rechaçadas pela educação ambiental não surgem na mente das pessoas nem nas escolas. Nascem nas próprias relações sociais, na materialidade histórica. As escolas reproduzem isso ao disciplinar os corpos e moldá-los para o mercado, ao disciplinar as matérias escolares em conteúdos culturais hierarquizados e dissociados. Por isso, mudar o modo de pensar deve se vincular à prática individual e coletiva, tensionando-se em direção às transformações sociais.

Todo esse debate leva de volta à discussão anterior de fundo metodológico. A crítica não é uma questão formal de método ou um exercício que devemos realizar em função de nossa capacidade racional de colocar tudo em questão. É uma exigência epistemológica e ontológica, de busca das determinações do ser e de explicações a partir do sentido que as relações complexas nos apresentam, permitindo-nos sair da superficialidade do mundo das trocas de mercadorias e dos binarismos. Nesses termos, retomamos mais uma vez Paulo Freire, que tem nesse movimento ontológico-metodológico o salto qualitativo da consciência ingênua (simplificadora, dogmática) para a consciência crítica (problematizadora, dialógica, aberta ao novo).

Ora, fazendo uma síntese do Momento II e retomando parte da discussão feita no Momento I, posso afirmar que a educação tem um estatuto ontológico, cujos sentidos são objetos de disputa pelas diferentes forças sociais que se estruturam em uma determinada sociedade. O ato educativo é intencional, voltado para finalidades socialmente estabelecidas, e o modo como se organiza resulta das necessidades e dos interesses em jogo na sociedade.

Vivemos em um país, tomando como marco o ano de 2019, que busca remodelar o sistema educacional para a reprodução de uma sociabilidade moralmente conservadora e economicamente liberal. Esta se caracteriza, entre outras, pela mistura entre o ensino de crenças de uma única tradição religiosa e culturas e conhecimentos científicos, pela validação de um único formato de família e, deliberadamente, pela confusão conceitual entre gênero e sexo biológico. Esse modelo traz também uma defesa do capitalismo e do crescimento econômico como solução para a pobreza, aceitando a destruição ambiental como sua consequência. Responsabiliza cada indivíduo por seu sucesso ou fracasso nas relações de trabalho por meio da meritocracia e do empreendedorismo. O ambiental, nessa lógica, vale como exigência para a economia de recursos e a otimização da exploração. Cuidar do ambiente, assim, é relevante à medida que favorece o mercado.

A educação ambiental nesse contexto precisa se entender como educação (Loureiro, 2016). Aos educadores e educadoras ambientais, se partirmos de tal princípio, cabe explicitar as determinações que levam à retração das políticas públicas da área, à sua ausência nas políticas curriculares e ao seu aparecimento — ainda que tímido — em políticas e práticas que exaltam o desenvolvimento sustentável, o pragmatismo, a inovação tecnológica e a idealizada solução individual.

É preciso saber de que lado se está na história e se a educação ambiental se fará no sentido das transformações sociais necessárias à vida em sua pujança e diversidade.

O meu posicionamento nessa história — em qual lado estou — se mostrará no Momento III a seguir. Nele, relato minha trajetória e comento escolhas feitas durante situações históricas nas quais a educação ambiental se materializou no Brasil.

MOMENTO III

Sobre o gênero (do relato autobiográfico)

Esse terceiro momento é resultado de alguns movimentos pessoais que julguei importante compartilhar com o público leitor. O texto foi inspirado em grande medida no memorial que escrevi quando de minha avaliação pública de promoção para professor titular da Faculdade de Educação da Universidade Federal do Rio de Janeiro (UFRJ), em outubro de 2018. Elaborar o documento no processo para alcançar o ápice da carreira docente em uma universidade federal me possibilitou uma experiência singular de reflexão sobre a trajetória profissional e de militância na educação ambiental. A reação da banca julgadora e de alguns amigos leitores foi muito favorável, sugerindo que eu divulgasse esse material por facilitar o entendimento de aspectos relativos à história e à consolidação da educação ambiental crítica por aqueles que se interessam ou que se identificam com ela.

Inicialmente, fiquei na dúvida sobre a pertinência de um texto autobiográfico, posto que o senso comum tende a confundi-lo com relatos de vida. Contudo, ao estudar sobre o tema, percebi que é um gênero literário que vem ganhando espaço crescente na filosofia e na Academia. Aliás, o mais correto seria dizer que vem retomando espaço, pois, particularmente na filosofia, é uma prática comum há séculos, sob diferentes significados e formas de se fazer a escrita de si. E qual é sua validade enquanto publicação?

É preciso, em acordo com Muricy (2017), entender a autobiografia como uma modalidade que acompanha a escrita desde tempos remotos e, como expressão de um conhecimento de si, é uma forma de exteriorização de certa consciência pessoal. Mas, ao ser pessoal, o eu já impõe a existência do outro na constituição dessa consciência. Melhor dizendo, ao ser fruto de uma história pessoal, os acontecimentos se dão nessa relação eu-outro, e a consciência manifesta é uma consciência histórica, que está para além de contornos individuais.

Portanto, a problematização de uma trajetória cria um eu narrado que sai da esfera estrita do sujeito para ganhar aspectos de universalidade. Aqui vou pela linha de Jean-Paul Sartre e Walter Benjamin, que ressaltam a importância das falas daqueles que participaram de lutas e processos sociais na busca da superação das formas de dominação como condição para estabelecer novas narrativas sobre a história ou, no caso, sobre a constituição de um campo. E sigo os ensinamentos de Antonio Gramsci e Lucien Goldmann sobre a relação entre obra social e história de vida do autor como componentes indissociáveis não só para a compreensão de suas ênfases e prioridades temáticas e teóricas, mas como expressão de caminhos que não são estritamente individuais. Ao serem singulares, mas jamais momentos fechados em si, esses percursos pessoais indicam momentos históricos que permitem trazer contribuições e informações válidas para um leitor. No caso, a narrativa elaborada colabora para o pensar dos caminhos da educação ambiental no Brasil e de uma de suas marcas principais: a perspectiva crítica, a qual tive a felicidade de ajudar a produzir e consolidar teoricamente na prática social e em políticas públicas nas diferentes esferas de governo.

Não é, portanto, um texto moral ou epistemológico. Não se trata de um conhecimento novo ou uma escrita para julgamento do que se fez ou deixou de ser feito, mas de uma narrativa que permite a mudança pessoal pela reflexão no ato de escrever. Ela que traz informações que contribuem como registros históricos da educação ambiental e colaboram com o fazer do educador e da educadora que se debruçam sobre o texto e desejam trilhar, com autoria própria, seus caminhos por esse campo que tem poucas décadas de existência.

Além desses aspectos determinantes, há uma motivação adicional. Como é um gênero literário que está em um momento de uso crescente como metodologia de pesquisa em programas de pós-graduação em ciências humanas e sociais, a autobiografia pode servir como exemplo para trabalhos futuros nessa linha metodológica, inspirando novas possibilidades criativas em seu uso.

Primeiras sensibilidades, primeiras posições

Paquetá e a infância em família

— Como é que tá a senhora? Tudo bem?

— Tudo bem.

— Tá muito cheio hoje, né? Pessoal tá dando muito trabalho?

— É, mas tudo bem. Você tem quantos anos? E seus amigos, cadê?

— Ah, tá todo mundo lá na piscina. Eu resolvi vir aqui um pouquinho, às vezes eu gosto de ficar mais quieto.

Eu tinha cerca de doze anos, a piscina era a do Clube Naval, mais conhecido como clube Piraquê, em função de sua localização em uma pequena ilha com esse nome na Lagoa Rodrigo de Freitas, no Rio de Janeiro, um dos cenários da infância em família. Tinha observado uma senhora negra que de vez em quando entrava em um dos dois banheiros, limpava, saía e sentava no banquinho entre as portas, enquanto os sócios do clube passavam sem cumprimentá-la. A cena me angustiou ao ponto de superar minha timidez imensa. Por impulso, me sentei no chão a seu lado para puxar algum assunto.

— Na-mo-ra cri-o-la! Na-mo-ra cri-o-la! — Meus amigos cantavam com deboche quando voltei à piscina, para meu desespero e choro. Hoje não os vejo mais, pois somente frequentei esse clube quando novo e com meus pais. Ainda assim, quando me perguntam da origem de meu ambientalismo, me lembro das indignações da infância, contra a desigualdade de classe, o racismo e a destruição da natureza.

Diz minha família que havia em mim desde criança uma paixão flagrante pela vida e pela natureza, e uma extrema inquietação diante do sofrimento do outro. Sem dúvidas, sofria junto. Na adolescência, me incomodavam as situações de opressão, quando via pessoas destratadas por serem negras, mulheres ou por serem trabalhadores de setores de limpeza e manutenção, assim como me doía presenciar maus-tratos a animais domésticos e derrubadas de árvores. Fosse no Clube Naval (Piraquê), fosse em Paquetá, via pescadores a lazer e torcia para os peixes. Ao mesmo tempo, quando via um trabalhador da pesca, torcia pela captura. Não via — e nunca vi — nenhuma contradição nessa minha postura. Sempre defendi que o problema não está na capacidade de transformação da natureza para a produção de meios de vida, mas na inversão disso para gerar acúmulo de riqueza e valores, como a luxúria e um prazer egoísta por matar.

O convívio com a paisagem litorânea era grande e me impressionava, quanto mais para uma criança tijucana. Na ilha de Paquetá, muitos finais de semana e férias escolares forjaram não apenas minha sensibilidade, mas também muitas de minhas relações mais importantes, como o namoro com a mãe de minhas duas filhas mais velhas e a entrada para o movimento ambientalista. Por volta dos catorze anos, com autonomia para tomar sozinho a barca para a ilha, já me inquietava a destruição da baía de Guanabara, a morte de botos, arraias e outras espécies, a poluição das águas e a perda de qualidade de vida dos pescadores. Isso me levou a encontrar, um pouco mais tarde, grupos e movimentos que atuavam em defesa da baía de Guanabara e seu entorno. Para mim e para eles, esse santuário era uma Baía Viva — nome que acabou sendo dado a um coletivo que até hoje luta pela baía de Guanabara, seus ecossistemas associados e seu povo.

Na época, porém, meu ativismo se aproximava da caridade: com um grande amigo, André Chauvet, que esteve comigo em muitas aventuras ao longo do ensino médio e da graduação, visitava idosos em hospitais e cuidava de animais abandonados. Nada mais adequado a um adolescente que estudava e admirava São Francisco de Assis, sua identificação com a natureza, os pobres e a simplicidade radical.

A chegada aos movimentos sociais

A entrada na universidade, em 1985, para o bacharelado e a licenciatura em Ciências Biológicas da UFRJ — naquela época era possível fazer os dois cursos juntos —, já me afastando do trabalho de caridade, mas buscando formas de solidariedade e de alternativas ao capitalismo brasileiro, as convicções e posturas me levaram à inserção e participação ativa em grupos ambientalistas. O primeiro deles foi a Assembleia Permanente de Entidades em Defesa do Meio Ambiente (Apedema), que, em meados dos anos 1980, vivia o auge do debate sobre a institucionalização do ambientalismo e a necessidade (ou não) de um partido. Esse momento político levaria à fundação do Partido Verde em 1986 e à entrada de muitos ambientalistas para o Partido dos Trabalhadores, criado em 1980, que representava a esperança de muitos em outro projeto de sociedade.

A Apedema era um importante coletivo de mais de uma centena de entidades diversificadas de todo o estado do Rio de Janeiro, cuja materialidade e atuação política foi decisiva na história do ambientalismo brasileiro. Cabe destacar que o formato Apedema foi importante não só no Rio de Janeiro, mas também em outros estados como São Paulo, Rio Grande do Sul e Bahia, que criaram coletivos com o mesmo nome. Não por acaso, minha tese de doutorado foi sobre a Apedema/RJ, que resultou em um dos meus livros, publicado em 2003 e relançado em 2006.

O excesso de reuniões e discussões com poucos efeitos práticos acabaram me afastando da participação na assembleia, assim como a presença extensa de defensores de um "ambientalismo em sentido estrito", que buscavam excluir moradores de periferias, subúrbios e favelas e trabalhadores em geral. Contudo, aprender com esses tensionamentos internos foi decisivo em minha formação política e compreensão da questão ambiental. Em seus debates, ocorreu a diferenciação entre os ambientalistas — os "verdes", como eram chamados na época aqueles que se declaravam defensores da natureza contra a ação humana, pensada de modo essencializado e sem historicidade — e os socioambientalistas — os "melancias", que entendiam que a degradação ambiental decorria de formas sociais historicamente determinadas e de uma pretensa existência humana destrutiva, portanto vermelhos por dentro e verdes por fora. Naquele momento, o antagonismo produzia uma dicotomia vista como insuperável pelos discursos dominantes: ou se defendia o "verde" ou se defendia o "vermelho". Não havia compatibilidade possível.

Minha identificação com os "melancias", porém, só se consolidaria no convívio com outro movimento mencionado antes: o Baía Viva. Ali, reencontrei companheiros da Apedema e conheci também muitas presenças que marcariam os debates ambientais por décadas até os dias de hoje: Chico Alencar, Sérgio Ricardo, Miguel do Pó (militante que lutou contra o pó de broca junto aos moradores da Cidade dos Meninos em Duque de Caxias), Rogério Rocco, Lara Moutinho da Costa, Pedro Aranha, Janete Abrahão, Elmo Amador, Carlos Walter Porto-Gonçalves e Carlos

Minc, entre outros. As reuniões, inicialmente dominadas pelos ambientalistas, logo ganharam a força dos moradores do entorno — já bastante degradado — e dos pescadores das águas da baía de Guanabara.

Participei de um dos primeiros atos impactantes do grupo: uma grande barqueata em defesa da baía. Ainda na era da comunicação analógica, lembro-me do apoio da equipe do então vereador Chico Alencar na confecção e distribuição de panfletos. Atingimos uma ebulição enorme, que incluía uma barca grande, com cerca de duas mil pessoas, rodando a baía com escala em Paquetá.

No ápice das discussões sobre a despoluição da baía, estive envolvido em todos os fóruns sobre saneamento e acompanhamento das obras, fazendo questionamentos, com apoio de professores da Universidade do Estado do Rio de Janeiro (Uerj) e da UFRJ. Parecia pouco razoável que um programa de tais proporções, com direito a financiamento estrangeiro via bancos japoneses, enfatizasse as grandes obras espetaculares e as estações de tratamento. Defendíamos, enquanto coletivo ambientalista, que a solução necessariamente incluía obras de menor porte, que recuperassem os rios e matas que circundam a baía e tivessem maior efeito ambiental e social.

O Baía Viva marcou minha formação, cristalizando a convicção sobre a inseparabilidade das questões sociais e ecológicas — marcada no nome do movimento, em alusão à baía como uma unidade viva. Não me parecia possível olhar para a Guanabara e separar as coisas, senão de forma muito tosca — o que foi decisivo para o processo de me aproximar dos setores à esquerda do ambientalismo.

A denominação "socioambientalismo" gerava estranheza pela redundância, uma vez que o conceito de ambiente já pressupunha a questão social. Porém, reconhecia a importância política de distinguir minha posição quanto à raiz histórica e social dos problemas ambientais — em meio ao senso comum que os compreendia como produto da essência humana ou do desígnio divino — e desenvolver práticas de luta, militância e enfrentamento com base nessa convicção. Essa é uma questão que cheguei a colocar em alguns de meus textos, problematizando o uso abusivo de "ambiental" e "socioambiental".

Essa mesma posição marcaria meu envolvimento com o Movimento pró-Floresta da Tijuca, na virada para os anos 1990. A iminência da Conferência das Nações Unidas sobre o Meio Ambiente e o Desenvolvimento (Rio-92) e seu potencial para a promoção turística e midiática da cidade haviam mobilizado o Governo Federal a realizar ações de recuperação do Parque Nacional da Tijuca. As limitações da proposta, no entanto, não nos impediram de promover debates urgentes sobre as águas da floresta e a importância do povo negro em sua construção e preservação.

Minha passagem pela iniciativa durou apenas o tempo de perceber divergências ideológicas profundas com o grupo. Ainda que contasse com figuras emblemáticas, unidas por um propósito legítimo, que já respeitavam minha então breve trajetória no ambientalismo, seus vínculos mais próximos eram com grupos empresariais. Não dava mais para compartilhar com eles momentos de reflexão e ação.

A chegada à vida, adulta, portanto, foi marcada por muitos posicionamentos e contrastes. No âmbito do ativismo, essa tendência se perpetuaria.

Tornando-se educador

Biologia, do Bacharelado à Licenciatura

— Biólogo? Vai morrer de fome!
— Tão inteligente! É um desperdício.

A reação típica nos anos 1980 à revelação da escolha da carreira me mostrou que a formação acadêmica interseccionou os primeiros ativismos não somente no tempo, mas também na repercussão. Não era uma profissão valorizada à época, muito menos adequada a um aluno de notas espetaculares. Minha resposta à reatividade foi dupla: nas conversas, defendia minha paixão por cuidar do que é vivo; na prática, procurei uma classificação notável no vestibular — o que de fato consegui, estando entre os primeiros na pontuação geral de todos os cursos.

O Bacharelado em Ecologia da UFRJ me levou a encontros que, junto com a militância, mostraram que minha defesa da vida não se restringia ao mundo biológico. O primeiro deles aconteceu no terceiro período, na disciplina de Ecologia Básica, com a professora Maria Fernanda Santos Quintela da Costa Nunes, que se tornaria uma grande amiga. Trabalhando com geoprocessamento em seu laboratório, comparávamos fotos aéreas das mesmas áreas em tempos diferentes, marcávamos os pontos impactados e íamos a campo para conversar com moradores e buscar as razões do desmatamento e da alteração ambiental identificada — minha parte preferida do processo.

— A sua questão são as pessoas. Você quer resolver as questões sociais para resolver as questões ambientais. Seu lugar é na educação! — diziam ela e outros professores do Instituto de Biologia.

Comecei a concordar com isso. Minha questão estava clara àquela altura: não era mais o sofrimento por ver um animal ou uma árvore maltratados, mas sim a vida como um todo, suas relações e as causas dessa banalização da vida. Por isso, comecei a buscar estudos que respondessem a essas questões.

Por conta própria, passei a frequentar aulas do Instituto de Filosofia e Ciências Sociais (IFCS) da UFRJ: Filosofia Política, Filosofia da Linguagem, Filosofia da Ciência... Nas leituras dessas disciplinas, encontrava ressonância para meus sentimentos e minha visão de mundo, principalmente nos autores marxistas.

Ao mesmo tempo, comecei a cursar a Licenciatura em paralelo ao Bacharelado, e me encantei com educadores que se situavam no campo crítico, à esquerda, e que tinham muita força entre os estudantes nos anos 1980: Miguel Arroyo, Carlos Rodrigues Brandão, Dermeval Saviani, Gaudêncio Frigotto, Paulo Freire e muitos outros. Cursando Sociologia da Educação, me aproximei da professora Maria Teresinha Pereira e Silva, uma pessoa extraordinária que se encantou por mim e por André Chauvet, o amigo de adolescência que tinha me acompanhado no vestibular.

As crianças da Tia Ciata levam a Marx

Teresinha nos convidou, em 1988, para trabalhar no projeto da Escola Experimental Tia Ciata, criada pelo governador Leonel Brizola e o secretário Darcy Ribeiro, que escolhera pessoalmente o corpo docente. As regras da instituição eram apenas duas: os alunos, que eram crianças em situação de rua dos arredores do Centro da cidade, tinham liberdade para entrar e sair da escola quando quisessem e para escolher em qual sala ficar. Seu maior problema disciplinar era ter jovens que terminavam sua formação, mas queriam continuar frequentando o ambiente escolar. Ou seja, seu maior problema era o fato de ter dado certo para jovens vistos como "sem solução" em uma cidade cujas classes dominantes reproduzem as desigualdades em uma escala abominável e com um tom racista e machista difícil de suportar.

A especificidade da proposta demandou muitos debates prévios da equipe. Qual era a relação que teríamos com as crianças e jovens: de caridade, de pena? Ou de convicção de que eram nossos iguais, por quem e com quem devíamos lutar?

Para mim, ficou clara a opção pela segunda alternativa. Já identificava a sociedade capitalista como inerentemente injusta, repleta de barbáries, coisificação, negação e destruição da vida. Não tinha dúvida: o capital é a não vida! Reconhecia aí a raiz da destruição do ambiente, das pessoas, das espécies, e assumi com André o enorme desafio de conduzir esse debate na escola, que vinha acompanhado da questão: como discutir esses temas denominados ambientais com pessoas que estão no nível mais elementar de sobrevivência?

A resposta veio primeiro da relação de confiança com os estudantes. Grande parte do corpo docente era de professoras, lidando com grupos majoritariamente masculinos e suas questões juvenis. Os meninos, discordando das respostas das professoras quando falavam sobre igualdade de gênero e respeito à mulher, já começavam a se identificar comigo e com André e buscavam nas figuras masculinas a confirmação de suas crenças — que acabávamos igualmente por questionar. Nosso passo seguinte foi reconhecer o primeiro tema gerador do grupo.

Sua sexualidade era muito patente — talvez por ser a única coisa que controlavam e que de fato lhes era própria. E obviamente suas falas transpareciam um machismo violento — que foi por onde iniciamos a conversa. No auge da epidemia da Aids, avaliávamos com eles as consequências do sexo para a saúde, para a família, para os relacionamentos. A partir daí, pudemos ampliar os debates — que passaram a envolver todas as pessoas da escola — e incluir temas como a alimentação, a saúde, o saneamento e a água.

Fazíamos atividades externas, como visitas aos valões e à Companhia Estadual de Águas e Esgotos (Cedae). Ao mesmo tempo, passamos a cuidar mais proximamente de algumas das crianças, acompanhá-las em consultas médicas, que também proporcionavam debates ricos e impactantes. Um médico, por exemplo, sugerira banhos quentes e sabão para tratar a dermatite de um aluno, enquanto, indignados, contestávamos a viabilidade daquela solução para uma criança que vivia na rua. Em meio e depois da situação, analisávamos em conjunto o acontecido em seu contexto e tentávamos pensar em outras soluções.

O período na Tia Ciata marcou uma grande virada. Primeiro, "caiu a ficha" de tudo: a relação entre a baía, o movimento ambientalista, as crianças de rua e a educação. Depois, para completar, me instigava perceber que todas as professoras mais brilhantes da escola — e não eram poucas — eram marxistas — e algumas até mesmo ateias! Como podiam ser tão extraordinárias não só em sua visão de mundo, mas na defesa de suas posições, na paixão pelo cuidado com as crianças, com a escola? "Tem alguma coisa nessa história de marxismo", lembro de pensar, enquanto colocava em xeque a importância que dava até então à religiosidade, às instituições religiosas — que sempre entendi como algo distinto de espiritualidade —, como determinantes da sabedoria ou da coerência ética.

Meus estudos então se voltaram a entender o marxismo e identificar como seus conceitos me ajudavam a refinar minhas convicções. Guardadas as devidas proporções e a imensa distância em termos de contribuição à educação, se Paulo Freire foi levado a Marx pelas favelas de Recife, eu fui levado pelas crianças de rua da Tia Ciata e pela baía de Guanabara: precisava aprofundar o entendimento sobre as injustiças que tanto me indignavam.

O encontro com sua literatura foi fascinante. Além dos nomes da educação citados, a leitura de textos e livros de Marx (inicialmente, *Manuscritos de 1844* e o *Manifesto do Partido Comunista*), István Mészáros (*A teoria da alienação em Marx*), Sartre, György Lukács, Gramsci e Henri Lefebvre foram de um efeito singular. Devo admitir que, como bom estudante de biologia, no começo lia e pouco entendia. Relia e entendia um pouco mais, mas estava ali o que buscava e que, com anos de esforço de estudo sistemático, me levaria a um entendimento satisfatório. Um conceito em especial me encantou para a compreensão da ontologia do ser social: o trabalho, a atividade metabólica sociedade-natureza que nos define enquanto espécie, o que fazemos no mundo e na criação da vida social. Por um lado, o marxismo se afastava do lugar-comum ambientalista sobre a natureza intocada contra o ser humano demonizado. Por outro, fazia uma crítica social robusta ao buscar entender o porquê da degradação brutal dos ecossistemas, da extinção de espécies, da pobreza, da miséria, das desigualdades de poder e de o Estado ser o que é.

Celebridade fugaz em Ibirubá: o primeiro congresso

Desse processo de trabalho e reflexão, no mesmo ano de nossa entrada na Tia Ciata, nasceu um artigo chamado "Educação ambiental e grupos marginalizados", aceito para o Primeiro Congresso Brasileiro de Educação Ambiental, em Ibirubá (RS), elaborado por mim e pelo André. Éramos dois estudantes de graduação, com viagem de ônibus até o Rio Grande do Sul paga pela UFRJ, em nosso primeiro grande evento, contrariando o auge da educação ambiental de viés biologizante.

Em um cenário em que ainda se escrevia pouco sobre o assunto, e menos ainda se publicava, lembro-me da palestra de José Lutzenberger, que perguntou a um auditório de cerca de mil participantes quantos eram biólogos e geógrafos, ao que cerca de 998 levantaram o braço em confirmação, inclusive eu. Os debates gravitavam em torno de questões como "Educação ambiental é pra quê?"; "É só pra divulgação científica?"; "É coisa de biólogo, é coisa de geógrafo?"

Convictos de que a resposta era negativa e de que eram as relações sociais que definiam a questão ambiental, identificávamos poucos pares como nós. Talvez justamente por isso, a sessão em que apresentamos a comunicação foi a mais lotada de todo o evento. Não por nosso renome — então inexistente —, mas pelo título, que despertou a curiosidade — ou a indignação — da maioria.

Parecia esdrúxulo ou inusitado discutir ambiente com crianças que viviam nas ruas do Rio de Janeiro, ao ponto de até hoje ainda encontrar pessoas que lembram de ter conhecido meu nome nesse episódio. O resultado, porém, foi um grande sucesso, lembrado tanto pelo pioneirismo da perspectiva quanto pela firmeza de minha fala, que rendeu uma série de articulações, convites para debates e eventos e qualificou minha militância.

Assim concluí a graduação. O Bacharelado, no final de 1988, e a Licenciatura, em 1989. Nesse momento já me identificava como portador de uma fala amável, mas inexoravelmente radical e vigorosa. A experiência me havia mostrado que, enquanto discursava e debatia, havia pessoas passando fome e morrendo, havia biomas sendo devastados. Não admitia em mim diletantismo. A disciplina implacável comigo mesmo nos estudos e práticas educativas era o mínimo que podia fazer em respeito às vítimas da fome, aos negados pelo capital. E, pelo peso dessa mesma responsabilidade, assumi publicamente também minha proximidade à esquerda e meu apoio à figura de Chico Mendes, um dos emblemas da apaixonante e mobilizadora campanha do PT nas eleições de 1989.

Em meio a intensos processos e contradições sociais, mas já tomado pela determinação sufocante de que era necessário assumir posições e contribuir com a luta de classes de forma significativa naquilo que me dizia respeito — a educação ambiental —, o mestrado me pareceu uma forma de entender melhor o mundo para transformá-lo.

Das favelas à Rio-92

Educação ambiental nas favelas

A entrada no Mestrado em 1990 foi a continuidade de um processo anterior: algumas das crianças da Tia Ciata tinham famílias nas favelas ao redor do Centro, como a Providência — o que nos aproximou pouco a pouco desses territórios e nos instigou a pensar uma forma de trabalhar ali também a educação ambiental. Eu e André criamos o projeto Cooperativismo e Educação Ambiental (Cooperad), financiado por um período pela Fundação Gaia da Noruega. Iniciamos pelo Cantagalo, onde um incidente recente de deslizamento de encostas e a presença de uma grande escola pública favoreceram o processo. Mais tarde incluímos Pavão-Pavãozinho e, por demanda das associações de moradores, a Maré.

O projeto tinha grandes pretensões de articulação entre a escola e as comunidades. No contraturno das aulas, realizávamos atividades voltadas para os problemas locais, como a recuperação de encostas e a remoção de lixo. Ao longo do processo, envolvíamos a comunidade escolar na discussão sobre a ocupação das encostas, a destinação dos resíduos e outros temas articulados ao currículo escolar. Com o propósito de culminar em uma cooperativa de reciclagem que servisse como fonte de trabalho e renda para os jovens, ganhamos não só relevância entre educadores e o reconhecimento da população, mas também o apoio da Companhia Municipal de Limpeza Urbana (Comlurb), pois atingíamos lugares que ela não conseguia acessar.

O projeto no Cantagalo foi a base de meu projeto de pesquisa na seleção para o Mestrado em Educação da Pontifícia Universidade Católica do Rio de Janeiro (PUC-RJ), em 1989: *Educação ambiental e classes populares: teoria e prática de uma pesquisa participante*. Meus arguidores na seleção foram Zaia Brandão e Leandro

Konder, que descontraiu a situação perguntando se meu nome seria uma homenagem a Marx e Engels.

— Muito pelo contrário! Imagina se meu pai... — lembro de ter respondido com humor.

Questionado sobre a entrada — na época inusitada — da temática ambiental na educação, expliquei por que via a questão social como elemento determinante do ambiente, e como me era impossível pensar a preservação da natureza no marco de uma sociedade que gera tamanha desigualdade e destruição da vida como um todo. Refletia o fato de que já não tinha dúvidas ao me posicionar no interior do movimento ambientalista, que de modo similar me indagava: "Você cuida da natureza ou cuida do social?".

Para mim, era uma fala absolutamente sem sentido. Imprópria e equivocada. Quem criava o antagonismo entre as preocupações era e continua sendo o próprio capital, ao construir uma sociedade que se constitui pela expropriação, pela propriedade privada e pelo uso da natureza de forma destrutiva e intensiva. Recordava sempre que nós, seres humanos, somos natureza. Portanto, escolher entre uma pessoa e uma espécie era uma falsa escolha. Ainda que hoje tenha mais condições teóricas de sustentar essas ideias, na época já tinha muita certeza do diagnóstico a partir do que observava em meu trabalho.

Leandro Konder gostou de minhas ideias, e afinal fui aprovado em segundo lugar em um curso muito procurado. E lá fui eu com 22 anos fazer o Mestrado. No meio do caminho, casei e vivia com a bolsa de Mestrado.

Um mestrado coletivo e seus frutos

Durante o curso, minha obsessão por uma contribuição grandiosa se desenvolveu em duas frentes. A primeira delas foram os estudos propriamente ditos. Com mestres como o saudoso Leandro Konder e suas indicações de leitura, adquiri um conhecimento mais sistemático das bases do marxismo. Chegava a ir em sua casa buscar textos e tirar dúvidas. Ele, com sua infinita sabedoria, tranquilidade e humildade, me recebia. Minha pesquisa, na condição de educador ambiental, serviu de meio para sistematizar a experiência com as favelas e sua potência de articulação entre escola e comunidade.

A segunda delas foi a agregação dos educadores do Rio de Janeiro, que começou com um encontro inesperado. No segundo ano do curso, em um tempo em que o Mestrado era feito em três anos, soube — mais uma vez pelo amigo André — da oferta de uma disciplina sobre educação e saúde com foco em educação ambiental. A professora, Denise D'El Rey, era uma baiana já aposentada pela Universidade de São Paulo (USP), onde trabalhava com saúde pública, e colaboradora do Departamento de Biologia da Educação da UFRJ. Em suas aulas, se encantou por mim e passou a apoiar nossas empreitadas. Com uma devoção que beirava o maternal, sua impressionante dedicação a mim foi decisiva. Não só pelo encaminhamento na universidade, pela confiança, mas também por seu apoio no nascimento de minha filha. Por sinal, foi a segunda pessoa a chegar na maternidade!

Criamos com seu apoio, em 1991, o Grupo de Estudo em Educação Ambiental (GEA), um fórum que não se restringia ao debate teórico, funcionando também como espaço de aglutinação e organização dos educadores ambientais. Em nossas reuniões, dentre assíduos e eventuais, participavam Roberto Leher, Ronaldo Souza de Castro — ambos já docentes da UFRJ —, Maria de Lourdes Spazziani — atualmente professora da Unesp —, Erivaldo Pedrosa — atualmente professor da Uerj —, Maria da Conceição — atualmente professora do Colégio Pedro II —, Mauro Guimarães — atualmente professor da Universidade Federal Rural do

Rio de Janeiro (UFRRJ) —, Philippe Layrargues — atualmente professor da Universidade de Brasília —, Claudson Rodrigues — que já esteve à frente do Departamento de Educação Ambiental do Ministério do Meio Ambiente —, Jaqueline Guerreiro — ativa integrante da Rede de Educação Ambiental do Rio de Janeiro (Rearj) —, Marilene Cadei — professora da UERJ —, estudantes de pós-graduação e militantes.

O GEA, um dos grupos pioneiros no Brasil, teve um papel importante nos debates que levaram à criação de movimentos de educadores ambientais do Rio de Janeiro, até então muito diluídos. Nossos debates incluíam os rumos da área no Brasil, e neles surgiu a ideia do Primeiro Encontro Estadual de Educação Ambiental. Participei ativamente na organização do evento, no Salão Azul do Instituto de Biologia, em 1991, assim como contribuiria no mesmo período com a criação da Rearj e com a organização dos quatro subsequentes encontros estaduais.

Na época, o campo da educação ambiental crítica ainda não estava configurado ao ponto de explicitarmos grandes divergências, como um campo social maduro apresenta. As iniciativas anteriores, desde os anos 1970, eram muito ligadas à conservação e aos órgãos ambientais. Seu viés técnico, comportamental e biologizante compreendia a atividade educativa como difusão de conhecimento científico, comportamentos e técnicas corretas e cursos de ecologia básica. Em contraponto a essa posição, nossas diferenças internas tinham pouca relevância, e agregávamos identidades diversas — socioambientalistas, marxistas, anarquistas, freireanos, ecologistas políticos etc. — na defesa de uma discussão a partir das questões sociais e da educação.

Nesses processos, ganhei reconhecimento dentre as lideranças educadoras e ambientalistas, o que levou a uma quantidade avassaladora de trabalho. Na Rio-92, incumbido de representar diversos grupos organizados, levava crachás como do Baía Viva, do GEA/UFRJ e do Núcleo de Defesa Ecológica de Paquetá (Nude), dentre alguns outros. Foram 15 dias praticamente sem dormir! Além disso, meses antes da conferência, Moema Viezzer e Nilo Diniz me haviam transmitido um convite importante. O Conselho Internacional de Educação de Adultos (International Council for Adult Education — ICAI), que se ancorava na obra de Paulo Freire, me convidava para a comissão organizadora da Jornada Internacional de Educação Ambiental — núcleo Rio de Janeiro, que incluía Janete Abrahão e Cláudia Jurema Macedo.

Nosso papel duplo envolvia primeiro organizar e produzir o evento propriamente dito, garantindo infraestrutura e logística — desde a hospedagem de convidados até a impressão da versão multilíngue do Tratado Internacional de Educação Ambiental, feita às pressas em uma madrugada na Universidade Popular da Baixada Fluminense para ser lido em plenária no dia seguinte. A segunda tarefa era construir a ponte com a categoria em nosso estado, mobilizando educadores para o debate. A intensidade do período não me permitiu dormir razoavelmente, mas pude travar contato com educadores brasileiros e estrangeiros que contribuíram para a finalização do tratado.

O documento aprovado, uma carta de princípios assinada por pessoas do mundo inteiro, teve um impacto simbólico importante. Junto à Declaração de Tbilisi, nos fortalecia no embate com leituras mais conservacionistas e biologizantes. Além disso, serviu de referência para a Política Nacional de Educação Ambiental (Lei n. 9.795/1999), cujo projeto de lei era de 1993, e uma série de documentos norteadores da área no Brasil.

Ainda em setembro de 1992, concluí o Mestrado, apresentando minha dissertação sobre o projeto no Cantagalo e Pavão-Pavãozinho. Seu impacto foi considerável: uma das primeiras dissertações tratando estritamente da educação ambiental, com duas singularidades importantes. Metodologicamente, a opção pela pesquisa participante, cuja discussão vivia então seu auge, chamou a atenção. Além disso, o referencial explicitamente marxista a destacou — embora a restrição às prateleiras da universidade em tempos pré-internet tenha reduzido seu alcance. Hoje, quando a releio, tenho ressalvas a certas formulações. Ainda assim, reconheço nela, incipientes, muitas das ideias principais que eu viria a defender por toda a vida, e me alegro ao perceber que já tinha então clareza sobre minhas posições teóricas e políticas.

Após a defesa, a volta à paternidade: na véspera tinha nascido Yashmin, minha primeira filha e o melhor fruto que 1992 poderia me trazer.

Interlúdio: das ONGs da Baixada à investidura como docente

Passada a intensidade de 1992, minha rotina nada "normal" se regularizou. A convite de organizações criadas no contexto da conferência, fui consultor de alguns projetos pontuais, com destaque para o projeto de educação ambiental para o Reconstrução Rio, uma condicionante de licença voltada para as regiões da Baixada atingidas por enchentes, que envolvia dez municípios e cinco mil pessoas. Meu conhecimento em educação ambiental e a capacidade de transitar e dialogar com diferentes grupos sociais já era reconhecida, e por isso recebi a função de coordenar e de articular setores bastante distintos, como ONGs ambientalistas e associações de moradores e sindicalistas, evangélicos e espíritas, em um processo muito desgastante.

Ao desgaste se somou a instabilidade dos cargos e a responsabilidade pela família, que passou a contar com uma criança.

A postura austera e a autocobrança não me permitiam pedir ajuda. Enquanto isso, vivia o cotidiano intenso de ativismo e o trabalho junto aos grupos da Baixada, com frequência em lugares com condições precárias de saneamento. O resultado foi uma tuberculose grave, contraída em 1994, com duas hemorragias pulmonares que quase me levaram à morte.

No meio dos meses doente, a UFRJ tinha aberto o concurso para docente de Educação em Saúde com foco em Educação Ambiental. Após muita hesitação, me inscrevi na última hora, em boa parte em função da pressão e da crença de Denise D'El Rey em mim, que colocou minha estabilidade profissional como requisito para seu retorno definitivo e tranquilo à Bahia natal.

Diante da doença, que já tinha um histórico de duas hemorragias sérias, a chefe de departamento acenou com a possibilidade de adiar as provas do concurso, mas avisou que não teria nenhuma garantia de realização em data próxima. Decidi então acatar o calendário já estabelecido e, carregado por minha tia Wilma, já falecida, cheguei à Faculdade de Educação para as provas. Passando muito mal, recorri à minha boa capacidade de concentração para ignorar a doença por cinco horas de escrita. Lembro-me da prova de aula, que só fui capaz de fazer com o apoio de uma garrafa de chá de hortelã. Minha fragilidade era tão patente que despertou até mesmo a solidariedade de meu principal concorrente, que me parabenizou emocionado quando foi anunciada minha classificação. Com quase vinte quilos a menos e muitos "quilos" a mais de uma já intensa experiência, chegava à estabilidade profissional.

Os primeiros anos de docência

Se, antes, Denise D'El Rey me garantira o aval para usar a UFRJ abusadamente, a passagem a professor em 1994, assumindo formalmente em 1995, me garantiu mais espaço institucional e autonomia para pensar e organizar a educação ambiental. Era um momento interessante para o campo, porque outros da primeira geração de educadores ambientais denominados críticos também chegavam à docência nos anos de 1990 ou logo no começo de 2000. Outros, como José Silva Quintas, vindo de larga militância na educação popular e no serviço público, inclusive na UnB, se consolidaram em instâncias públicas como o Ibama. Já eu era o mais jovem de idade, e ao mesmo tempo um dos mais ávidos por estudos sistemáticos e por escrever incessantemente, motivado pelas questões que vivenciava.

Cabe dizer que, no âmbito da educação ambiental, ser crítico significava para mim, como já dito muitas vezes em publicações outras, antes de qualquer coisa, ser crítico a uma educação ambiental mais conservadora, biologizante e comportamental. Em segundo lugar, implicava ser crítico à sociedade, no sentido de entender que a origem da questão é social, e não natural. Nosso ponto de vista era o de um questionamento das relações sociais como estavam — e estão — estabelecidas. No entanto, logo começaríamos a publicar, e já se perceberiam nuances. Uns fariam um apelo mais moral, colocando a questão ambiental como um problema ético. Um subgrupo desses entenderia a crítica como uma crítica às pessoas e um apelo à necessidade de transformar os indivíduos. Outros fariam uma crítica no sentido cultural, com aproximações à hermenêutica e aos estudos culturais. Por fim, haveria os críticos da totalidade social, onde me inseria, compreendendo que havia uma forma social determinada historicamente e determinante dos problemas e conflitos ambientais.

Além da geração, partilhávamos uma trajetória semelhante, de acadêmicos que tinham passado pelo ativismo junto a movimentos sociais e pela atuação na educação popular e em espaços públicos. Muitos de nós viriam a se tornar acadêmicos em sentido mais estrito, afastando-se dessa atuação, mas, de modo geral, nossas histórias se confundem com a institucionalização da educação ambiental no Brasil ao longo da década de 1990, disputando a redação e a execução de políticas públicas de acordo com princípios da educação ambiental crítica.

No meu caso, a estabilidade acadêmica me permitiu escolher por um afastamento gradual dos espaços de militância, para me dedicar à organização de diretrizes de educação ambiental em algumas políticas públicas ambientais e escolares, à sua constituição e à pesquisa e teorização. Após minha investidura, em 1995, passei a lecionar disciplinas eletivas da graduação: Educação Ambiental — recém-criada por uma reforma curricular —, Educação em Saúde e Saúde na Educação Infantil. Naquele tempo, uma crença forte entre pesquisadores da educação dizia que importavam apenas as áreas "duras" da educação: Educação Brasileira, Políticas de Educação, Didática, Currículo...

Ainda assim, ganhei reconhecimento e respeito muito rapidamente na instituição. Primeiro, porque era muito bem aceito pelos estudantes de graduação, que todo semestre me homenageavam em sua colação. Além disso, a boa relação com os demais professores levou ao convite para ser coordenador da Pedagogia de 1998 a 2000 — período em que se realizava uma reforma curricular do curso.

Como coordenador, articulei um processo de reforma unificada junto com as demais universidades federais do estado, a Uerj e a PUC-RJ. O processo gerou reflexão suficiente para publicarmos um livro juntos — meu primeiro, publicado em 1999, que curiosamente não tratava de educação ambiental. *Pedagogo ou professor?*, com cada capítulo assinado por um coordenador, teve o papel de ampliar o alcance de meu nome dentro da educação, para além da dita irrelevância de minha área de pesquisa.

Das ONGs ao Serviço Social para demarcar o campo crítico

A caneta vermelha do fim da história

Passado algum tempo da Rio-92, o Viva Rio se encarregou da construção da Agenda 21 do Rio de Janeiro. Se não me engano, por volta de 1995. Na própria sede do instituto, foram reunidos ambientalistas, ONGs e outras representações para pensar a sustentabilidade do território carioca, com a presença da Federação de Órgãos para Assistência Social e Educacional (Fase), do Instituto Brasileiro de Análises Sociais e Econômicas (Ibase), do Instituto de Estudos da Religião (Iser), da Associação Brasileira de Organizações Não Governamentais (Abong), outras ligadas à agricultura familiar, ao movimento camponês e o próprio Movimento dos Trabalhadores Rurais sem Terra (MST).

A presença de uma diversidade de atores sugeriria um convite ao dissenso e à elaboração das contradições. No entanto, ressalvadas poucas vozes mais críticas, as reuniões pareciam já se iniciar com um roteiro que determinava os encaminhamentos do debate, de conteúdo ideológico flagrante.

A grande maioria das ONGs presentes já havia adotado o *modus operandi* do terceiro setor e da prestação de serviços, acompanhado do discurso aparentemente apolítico sobre o fim dos conflitos de classe, substituídos pelo consenso, pela harmonia e pelo ambiente como algo que une a todos. A crença generalizada dizia que não era mais preciso disputar políticas públicas, uma vez que as questões já estavam estabelecidas. Faltava apenas pragmaticamente executar as soluções — e, portanto, a conciliação de classes era uma condição para a resolução dos problemas ambientais.

Era um discurso muito forte na época, que caiu como uma luva no debate ambiental. Imbuídos da crença de que sua causa — o ambiente — era universal e, portanto, superior a qualquer outra pauta — fosse de classe, fosse de gênero, fosse de raça ou sexualidade. Seus defensores, portanto, se proclamavam "para além da esquerda e da direita", e defendiam messianicamente a necessidade de atingir resultados, deixando de lado qualquer discussão que questionasse os métodos e os pressupostos ideológicos intrínsecos a eles.

Com indignação, eu e poucos protestávamos. Parecia-me que discutíamos uma série de soluções talvez muito adequadas à realidade de uma sociedade rica e industrializada, mas sem qualquer compatibilidade com a realidade que eu conhecia nas favelas do Rio de Janeiro, e que sabia ser a realidade de 90% das pessoas no planeta. Minha sofisticação teórica ainda não me permitia aprofundar devidamente o debate conceitual, mas lembro de expressar que o debate da Agenda 21 era sobre um outro mundo que não o mundo que eu conhecia: o mundo da fome, da miséria, da dor, da destruição ambiental. As responsáveis pela mediação, então, ainda que vivessem no mundo pós-ideologia, passaram a fazer questão de registrar todas as minhas contribuições — e apenas as minhas — com uma caneta vermelha.

Se haviam convidado ambientalistas para referendar o pacote que trouxeram pronto para nossa aprovação, percebi que minha fala atrapalhava o plano. Ao mesmo tempo, a diferenciação promovida pelos condutores do debate tinha a óbvia intenção de desvalorizar minha posição. Foi ali que, motivado pelo embate, veio a certeza de que cursaria o Doutorado para aprofundar meu entendimento e meus argumentos sobre o ambientalismo.

Doutorado: procura e encontros

Nos anos 1990, um Doutorado não era um requisito tão importante para a carreira acadêmica quanto é hoje, já exigido na maioria dos concursos, de modo que a motivação do embate público teve um papel importante em minha decisão. Porém, a procura pelo programa de pós-graduação ideal levou um tempo: em meio às ciências humanas e, especificamente, as sociais, eram poucos os cursos que ofereciam um debate teórico consistente aliado a uma implicação política. Tudo me parecia por demais abstrato, por demais desvinculado da vida e do mundo concreto — até que cheguei aos programas de Serviço Social. O da UFRJ, especificamente, me oferecia a qualidade referendada pela Comissão de Aperfeiçoamento do Pessoal do Nível Superior (Capes) e a proximidade do campus, a apenas cinquenta metros de meu local de trabalho. Além disso, seu corpo docente contava com nomes de peso, que me interessava muito ter como professores, como Carlos Nelson Coutinho e José Paulo Netto.

Minha aprovação, na segunda colocação, chamou atenção pela área de formação, uma vez que até 1997, ano de meu ingresso no Doutorado, ninguém fora de uma formação em ciências sociais tinha conseguido aprovação na seleção. Já durante o processo seletivo, tinha sido questionado por Carlos Nelson Coutinho sobre o interesse de um biólogo pelo Serviço Social, e expliquei que meu projeto, focado na formação da Apedema, tinha a intenção de aprofundar meus estudos do marxismo para contribuir com a reflexão sobre a questão ambiental e as entidades ambientalistas em particular — uma opção temática também pioneira na instituição.

Durante as disciplinas cursadas, o encontro com José Paulo Netto acabou se tornando marcante para a minha trajetória. Na época, ele defendia, alinhado com certa leitura do marxismo, que existiam a questão social, de classe, e as demais, que eram chamadas por ele em certo tom de brincadeira de "menores". Dentre essas questões "secundárias", estaria a questão ambiental. E eu, em aula, contrapunha que as questões não são "menores". Pelo contrário: se, na ontologia de Marx, o que constitui o ser social é sua atividade no mundo — tendo por momento fundante sua atividade metabólica, a transformação da natureza para construir seus meios de vida —, obviamente a questão ambiental não podia ser pensada como secundária, porque era constitutiva das relações sociais.

Se todo determinante também é socialmente determinado, as relações sociais se dão em uma materialidade, mas também constituem essa materialidade. Portanto, a materialidade inclui relações que envolvem gênero, raça, religião e qualquer outra manifestação humana que faça parte da totalidade social. Do ponto de vista histórico, não se pode dizer que uma antecede ou é mais importante do que a outra. Além disso, em uma ontologia (integrativa) do ser social, fundada na unidade dialética e na categoria totalidade, não cabe confundir o que é uma determinação com classificações sobre grau de importância ou com determinismo. Foi esse o debate central de todo o Doutorado, com grupos marxistas com outro tipo de posicionamento, que aos poucos foram entendendo e aceitando o que eu defendia.

Foi um processo importante também para o Serviço Social, na medida em que inaugurei um debate a que muitos dariam continuidade. Mesmo que isso não seja tão visível em minha trajetória face à expressividade da atuação na educação ambiental, ainda hoje sou procurado por pesquisadores da área para conversas e participação em eventos e bancas.

Para minha formação, o Doutorado contribuiu com muita segurança. Muitos elementos que ainda ocupavam o patamar de impressões, sensações e convicções sem tanta certeza teórica se esclareceram durante o curso — o que foi fundamental para me motivar à disputa conceitual. Se, até o meio do Doutorado, minhas publicações eram poucas em comparação às muitas inserções de militância e trabalho com políticas públicas, a partir dali me convenci de que, para disputar a política, devia disputar também o campo das teorias — um *front* até então pouco explorado pela educação ambiental brasileira.

Consolidando o campo crítico nas políticas públicas

Uma fala inspirada e concorrida

— *Você é um iluminado. Você fala com a alma. As pessoas não precisam ser letradas para entender, porque elas sentem na alma o que você fala!*

Era o ano de 2008, em meio a um curso para membros de comitês de bacias hidrográficas na Bahia, quando tive minha amada mãe Sinha, do Ilê Axé Iyá Nassô Oká (Terreiro da Casa Branca) em Salvador (BA), como aluna. Ela pediu a palavra, se levantou e, para meu embaraço, se sentiu à vontade para elogiar minha oratória.

Se volto ao episódio, é menos para me vangloriar de meu carisma do que para tentar compreender o que acontecera anos antes, às vésperas de 2000, no período do final do Doutorado. De ONGs a universidades e à administração pública, minha presença passou a ser muito requisitada e reconhecida como portadora de uma fala potente — o que posso atribuir a alguns motivos quando olho para minha trajetória.

Em primeiro lugar, desde o trabalho com as crianças que estavam nas ruas e com os movimentos de moradores de favelas, fui obrigado a desenvolver a capacidade de trazer discussões teoricamente densas para um diálogo "pé no chão", que representasse a vida concreta daqueles com os quais falava. Afinal, desde então percebia os construtos conceituais como âncoras para as convicções formadas em meu contato com o mundo.

Além disso, a responsabilidade da luta contra as opressões e coisificações da sociedade não me permitia meias verdades ou discursos camaleônicos: ou eu entendia do assunto e marcava claramente minha posição sobre a inseparabilidade de sociedade-natureza ou preferia inclusive não me pronunciar. Pela obrigação autoimposta de dominar os assuntos de minhas falas, acabei por praticar e muito a habilidade de transitar tematicamente: sem abrir mão de meus princípios, podia debater de currículos e recursos hídricos a unidades de conservação e conselhos municipais com um vocabulário acessível. O materialismo histórico dialético, inclusive, me ajudava a destrinchar cada instrumento de gestão ambiental e a realidade escolar o suficiente para identificar as demandas e obstáculos que a educação ambiental podia abraçar. Assim, conseguia formular propostas singulares para cada espaço sem perder a unidade de princípios e intenções.

A partir de então, eram poucos os eventos de educação ambiental para os quais não era convidado como palestrante, para não falar de bancas. Somando eventos acadêmicos e assessorias a projetos e políticas públicas, provavelmente foram Amapá, Roraima e Tocantins os únicos estados brasileiros que não visitei (e que um dia espero conhecer). Ao atrair muito público, minhas falas ganharam adesões — mas também geraram aversão. Na época, identificava aliados no discurso da Coordenação Geral de Educação Ambiental (CGEAM) do Ibama, por exemplo, e encontrava alento em conversas com o amigo José Quintas, segundo o qual a existência de adversários são indicadores de que estamos cumprindo nosso papel devidamente.

Formando conselhos no Rio Grande do Sul e nas unidades de conservação

Na construção de políticas públicas, uma de minhas primeiras entradas mais expressivas, no final dos anos de 1990, foi a convite do Instituto Brasileiro de Administração Municipal (Ibam), que assessorava a gestão de Olívio Dutra, do Partido dos

Trabalhadores, no Rio Grande do Sul, para a formação de seu pioneiro sistema estadual de gestão ambiental. Sua estruturação demandava o fortalecimento dos municípios, inclusive a formação dos conselhos municipais de meio ambiente, responsáveis por fiscalizar o licenciamento ambiental descentralizado. Nesse processo, desenvolvemos e aplicamos a metodologia para que os conselhos funcionassem como órgãos organizados, com uma composição popular, e capacitados.

Estreitei gradualmente, nesse mesmo período, os laços com a CGEAM, me tornando palestrante assíduo das formações dos técnicos ambientais federais, até que o Núcleo de Educação Ambiental (NEA) do Rio de Janeiro me convidou para contribuir com a criação de uma metodologia voltada para unidades de conservação (UCs).

Em ressonância ao êxito da experiência dos conselhos no Rio Grande do Sul, elaboramos um caminho para estruturar os conselhos gestores das UCs, tendo a educação ambiental como um eixo central e permanente da gestão. A motivação principal eram os então frequentes embates nos órgãos ambientais, uma vez que o pensamento dominante, de escola conservacionista, tinha mais restrições à participação social na gestão, e a educação funcionou como mobilizadora e facilitadora para mediar esses e outros conflitos.

O licenciamento ambiental federal

Já no início dos anos 2000, com a alta dos empreendimentos que caracterizou o momento de aquecimento econômico do governo Lula, o licenciamento ambiental sobrepujou a relevância das UCs nos debates e disputas no contexto das políticas ambientais. Tornava-se necessário acender a discussão sobre a ocupação e transformação dos territórios, bem como os interesses e disputas políticas subjacentes a esses processos.

Até então, observava-se que, quando a educação ambiental era exigida como condicionante de licenças federais e estaduais, suas práticas estavam distantes demais do necessário para que merecessem o nome de medidas de mitigação. Muitos dos projetos sequer mencionavam os empreendimentos e seus impactos, enfatizando ciclos de palestras, cartilhas e excursões sobre ecoeficiência e conservação da natureza. Já quando o empreendimento era mencionado, seu anúncio era elogioso, destacando seus grandes benefícios à população. Em ambos os casos, era patente para mim e para a CGEAM/Ibama a necessidade de normatizar metodologicamente esses projetos.

Construímos então uma proposta, que incluía em seus princípios a obrigação de priorizar os grupos sociais mais afetados pelos impactos socioambientais dos empreendimentos, que deveriam ser a temática central dos processos pedagógicos. Gradualmente, conquistamos espaço, publicando diretrizes pedagógicas que anos depois tomariam corpo na Nota Técnica n. 01/2010 da Coordenação Geral de Petróleo e Gás (CGPEG) da Diretoria de Licenciamento Ambiental (Dilic) do Ibama e na Instrução Normativa n. 02/2012 do Ibama, alcançando outros setores além de petróleo e gás, como mineração, rodovias e hidrovias, dutos e energia elétrica.

A proposta federal me levou a muitas viagens a convite, com o propósito de elaborar propostas similares para o licenciamento estadual. O alcance rápido e amplo desse trabalho, porém, evidenciou muitas tensões e contradições. Ficou então evidente que o grupo que comandou a educação ambiental no Ministério do Meio Ambiente (MMA) e no Ministério da Educação (MEC) por boa parte dos anos 2000 era discordante do tipo de trabalho desenvolvido pela CGEAM, o que se explicitou no momento de desmembramento do Ibama, em 2007, dando origem ao Instituto Chico Mendes de Conservação da Biodiversidade (ICMBio).

A reorganização acabou por inicialmente desestruturar um corpo de funcionários que tinha força institucional o suficiente para resistir ao licenciamento a toque de caixa e à consequente violação de direitos das populações impactadas. Felizmente, a elevada qualificação técnica e unidade ideopolítica do grupo fez com que rapidamente se reestruturasse no Ibama em diferentes coordenações, com especial destaque para a Coordenação Geral de Petróleo e Gás (CGPEG) — atual Coordenação Geral de Licenciamento Ambiental de Empreendimentos Marinhos e Costeiros (*CGMAC*) —, e o Instituto Chico Mendes de Conservação da Biodiversidade (ICMBio), tal como destacamos em artigos publicados (Loureiro; Saisse, 2014; Loureiro; Saisse; Cunha, 2013).

Bahia e Rio de Janeiro: das águas ao sagrado

No mesmo período da chegada ao licenciamento, iniciou-se uma longa jornada de colaboração com o Governo da Bahia. Em 2002, venci uma licitação do Centro de Recursos Ambientais — o CRA, que depois se tornaria o Instituto do Meio Ambiente (IMA) e hoje é o Instituto do Meio Ambiente e Recursos Hídricos (Inema) — para escrever o livro *Cidadania e meio ambiente*. O instituto, por intermédio do Núcleo de Estudos Avançados em Meio Ambiente (Neama) do estado, passou a me convidar regularmente para promover o debate sobre a gestão ambiental do ponto de vista social, abordando a participação, os conflitos ambientais, a educação ambiental e temas correlatos. Lá, como em outros estados, desenvolvi a metodologia para o licenciamento estadual, que não foi concluída devido a mudanças na gestão, preponderando interesses vinculados a setores empresariais contrários à participação e ao controle social na gestão ambiental.

Os cursos atraíam um público grande o suficiente para que minha participação fosse duradoura, até que, nos primeiros anos da gestão do governo Jaques Wagner, o Instituto de Gestão das Águas e Clima (Ingá) me solicitou para um trabalho bem específico: a formação do pessoal dos recursos hídricos em educação ambiental e gestão participativa. O processo de formação dos comitês de bacia hidrográfica rendeu bons resultados, como a garantia de assentos para povos e comunidades tradicionais, além do primeiro contato com mãe Sinha, relatado anteriormente, e com as tradições religiosas de matriz africana, cuja cosmogonia e visão de mundo profunda me encantaram e complexificaram meu entendimento da vida.

Na sequência temporal, reencontraria as religiões de matriz africana no Rio de Janeiro. A Superintendência de Educação Ambiental (Seam), logo que Carlos Minc assumiu a Secretaria de Estado do Ambiente (SEA), solicitara a meu laboratório de pesquisa uma proposta de demandas e eixos estruturantes para o estado. Toda a estrutura foi respeitada e os projetos conduzidos pela Uerj, em uma decisão política da mais alta relevância para o fortalecimento institucional e a formação de pessoas na universidade pública. Pouco depois, fui convidado pela superintendente de educação ambiental, Lara Moutinho da Costa, à coordenação executiva do Elos da Diversidade, um projeto voltado à mediação de conflitos envolvendo o uso religioso de áreas protegidas, com foco no caso do Parque Nacional da Tijuca e grupos de candomblé e umbanda.

O êxito da mobilização e articulação entre os religiosos, por um lado, fortaleceu a luta pelo reconhecimento dessa forma de relação com a biodiversidade. Por outro lado, o convívio com iyalorixás e babalorixás trouxe um chamado irrecusável à espiritualidade. Com o apoio de mãe Torody e do babalawo Ladislau, dei início às práticas de estudo e devoção do candomblé que me levariam à iniciação nessa tradição e nos mistérios de Ifá. O conhecimento de culturas milenares africanas, reforçado por minha ida à Nigéria em 2018 para intercâmbio acadêmico e vivências espirituais em Ifá, possibilitou aprender fundamentos de visões de mundo diferentes das burguesas, brancas, judaico-cristãs, dominantes na conformação da sociedade moderna capitalista.

Em 2013, veio da Seam mais um desafio: reformar o Elos da Cidadania, programa de educação ambiental para as escolas da rede pública, fortalecendo seu caráter crítico, voltado para a abordagem dos conflitos socioambientais e a transformação social, na relação entre escola e entorno. Junto a José Quintas, realizamos a formação continuada de uma equipe de dezenas de educadores até o final de 2014, quando a ruptura de alianças partidárias do governo estadual levou à extinção da superintendência e ao fim dos projetos sob responsabilidade da Uerj.

Aqui ficou mais um aprendizado acerca dos limites de nossa ocupação de espaços em um Estado organizado e controlado por forças antagônicas. A disputa estatal é fundamental na universalização e garantia de direitos. Contudo, é preciso sempre atuar nas bases, fortalecer movimentos sociais e grupos populares na ocupação do Estado para se assegurar conquistas mais perenes. Esse processo social foi pensado e realizado, mas com pouco tempo para consolidar as conquistas obtidas.

De qualquer forma, muito se avançou por meio das ações estruturais da Seam, em uma das maiores experiências públicas de gestão da educação ambiental realizadas no país — seja pela radicalidade das iniciativas junto a escolas, grupos religiosos, LGBTs, favelas e trabalhadores em geral, seja pelo volume de recursos investidos por meio de parcerias público-público, fortalecendo instituições estaduais e destacadamente a Uerj.

Educação ambiental nas escolas

Por volta de 2006, o MEC havia me convidado para colaborar com uma pesquisa nacional sobre a educação ambiental nas escolas, no intuito de compreender melhor e avaliar a grande diversidade de abordagens e metodologias aplicadas. Seu resultado foi publicado em 2007, com o título *O que fazem as escolas que dizem que fazem educação ambiental?*. Ainda que na época já tivesse alguns estudos e teses de orientandos sobre as escolas, essa pesquisa marcou o momento em que passei a contribuir de modo mais direto com o chamado "eixo formal" da educação ambiental em diferentes estados e municípios.

Na época, era muito comum — e ainda é — o trabalho com modelos de educação ambiental: abundavam roteiros, projetos prontos levados para aplicação nas escolas, como a Agenda 21 Escolar e o Com-Vida, que pressupunham o trabalhador da educação sem singularidade no processo educativo. O educador era apenas mais um dos agentes sociais envolvidos, diluindo especificidades. O entendimento de participação estava voltado para a motivação de pessoas e grupos, sem mediações para constituir espaços públicos. Ou seja, o importante era valorizar quem mostrava interesse em colaborar, e não se pensava a necessidade de mobilizar de forma diferenciada, considerando as desigualdades sociais e a relevância central de quem realiza o trabalho educativo, para garantir que os momentos de elaboração e execução fossem igualitários e justos.

Mais do que isso, o grave, no meu ponto de vista, era o fato de se desenvolverem projetos como se fossem as próprias políticas públicas pensadas como espaço de legitimação de iniciativas, em que se afirmava uma lógica de parceria que ignorava por completo as implicações educacionais dos interesses empresariais no controle das políticas educacionais. Junto a essa tendência, ocorria também forte pressão de grandes ONGs e empresas educacionais, que utilizavam a precariedade estrutural das escolas públicas como pretexto para sua entrada no cotidiano escolar, trazendo recursos — com frequência públicos — e panaceias.

Minha atuação ia na contramão dessas tendências. Em discussões com professores e diretores, fazia questão de romper com a ideia dos modelos prontos, defendendo que era muito mais importante garantir princípios e diretrizes em comum, voltados para o interesse público. A forma como seriam aplicados seria variada, a depender de cada comunidade escolar e sua autonomia, mas o que não podia acontecer era confundir o conceito de política pública com o de modelo de projeto.

Ao mesmo tempo, fazia uma defesa intransigente da escola como espaço em disputa em seus sentidos e finalidades e indispensável às lutas emancipatórias, e do trabalhador da educação como um sujeito plenamente apto a produzir sua própria proposta de educação ambiental. Se o senso comum dizia que a escola pública só podia funcionar se fosse "renovada" por algum agente externo, meu discurso era o contrário: é o professor que sabe das necessidades e potenciais de sua escola o suficiente para conduzir processos efetivamente participativos junto com aqueles que se colocam ao lado da educação pública e do cumprimento dessa como um direito social a ser assegurado pelo Estado, garantindo a autonomia do trabalho docente e a laicidade.

Minhas defesas enfáticas — na prática e nas publicações, como detalharei mais à frente — geraram certo desconforto na gestão federal da educação ambiental, evidenciando diferenças de posição entre o grupo político a que eu pertencia e as cabeças ministeriais, mais afeitas ao terceiro setor, à prestação de serviços, à execução de projetos e às parcerias público-privadas. Esses embates ressoariam também na vida acadêmica, mas na esfera pública durariam até 2008, quando mudanças no corpo dos ministérios renovaram as chefias da área.

Com a nova equipe do MMA, tive ainda a oportunidade de contribuir com a elaboração da Resolução n. 98/2009 do Conselho Nacional de Recursos Hídricos, que normatizou a educação ambiental na gestão das águas. Depois disso, fiz apenas colaborações pontuais até 2016.

A disputa das políticas públicas e seu saldo

Desde então, segui priorizando e contribuindo com políticas do Ibama, do ICMBio e dos órgãos estaduais, na medida em que meu tempo livre permitiu — e por vezes também na desmedida do tempo livre. Na época como hoje, ouvi muitas insinuações em segunda mão sobre esses processos de disputa ideológica e política, vindas de pares que interpretavam meus posicionamentos como preciosismos conceituais ou vaidades pessoais.

Ora, discordâncias na condução política não significam desrespeito às pessoas que estão no lugar público, mas a explicitação democrática da divergência na busca pelo aprimoramento do que é de alcance público. Além disso, jamais tive interesse em ocupar qualquer cargo, ainda que oportunidades tenham surgido. Minha ação sempre se deu por outros caminhos — uma escolha que não tem relação com avaliar este ou aquele cargo ou lócus como mais ou menos importante. Considerava a atuação acadêmica e via Ibama, ICMBio e órgãos estaduais mais interessante para a estruturação dos elementos que considerava oportunos na configuração da educação ambiental.

Hoje, com esses processos sedimentados, posso apontar com tranquilidade que pude deixar contribuições em documentos públicos estruturantes da área. Das unidades de conservação ao licenciamento, das águas às escolas, consegui imprimir, com muitos companheiros e companheiras de luta, princípios e objetivos da educação ambiental crítica de forma duradoura. O que para uns é um preciosismo conceitual, para mim foi ponto-chave de todos os processos: trabalhei pela defesa do que é público, sem abrir espaço para as tendências privatizantes que assombravam e assombram as estruturas estatais da educação e da área ambiental.

Para além disso, desde a coordenação do curso de Pedagogia da UFRJ, recusei todos os cargos que me foram oferecidos. Raras exceções foram recentes e apenas dentro do âmbito universitário:

a coordenação da linha de pesquisa Estado, Trabalho-Educação e Movimentos Sociais no Programa de Pós-Graduação em Educação (PPGE-UFRJ), a coordenação institucional do Programa Institucional de Bolsas de Iniciação Científica (Pibic) — na gestão do reitor Roberto Leher — e comissões eventuais que não afetam a organização do tempo de modo significativo. Em primeiro lugar, porque sempre priorizei a liberdade de discordar e criticar as políticas públicas, para além de quem ou qual força política ocupe o cargo. Em segundo lugar, ao observar acadêmicos da UFRJ de minha geração que assumiram cargos em outros órgãos públicos ou cargos internos (decanias, diretorias etc.), parecia-me clara a necessidade de abdicar do ensino e da pesquisa — o que não estava disposto a fazer, pois a pesquisa metódica, a orientação, o diálogo em aula e a participação em defesas de teses e dissertações são aspectos da vida acadêmica que me sinto muito bem fazendo e nos quais via e vejo um grande potencial de contribuição.

No caminho contrário dos cargos, minha realização sempre se deu no ato de transitar: me interessava ocupar espaços novos e criar o que ainda não existia. Uma vez estruturadas as propostas, minha opção foi sair de cena, abrindo espaço para que outros profissionais assumissem a execução. No máximo, à insistência pela permanência, optei pela formação de equipes, garantindo a presença de quadros críticos à frente e na ponta de programas e políticas públicas.

Quando olho para trás, inclusive, vejo a formação de quadros e a criação de uma cultura de educação ambiental crítica no serviço público de educação e da área ambiental como um dos frutos mais importantes de meu trabalho junto aos tantos pares com quem trabalhei. Ter contribuído para a consolidação de um campo, de uma perspectiva crítica no Brasil, possivelmente foi e é a maior finalidade dos meus esforços fora e dentro da Academia.

Por outro lado, todas essas conquistas tiveram seu processo paralisado ou retardado em dado momento, para não mencionar as ameaças gerais de retrocesso na educação e na área ambiental do Brasil pós-2015. No caso da educação ambiental, posso atribuir essa reviravolta a dois motivos. Primeiro, a uma estrutura social absolutamente perversa, desigual, sob domínio de frações de classe e grupos que toleram esse tipo de política pública apenas até certo ponto. Quando o mínimo de cidadania desponta e começa a exercer pressão sobre as decisões públicas, ainda que no marco da legalidade do Estado burguês, o incômodo leva aos cortes — como vemos hoje em nível federal e como pude presenciar em muitos estados.

O discurso crítico tem uma ressonância importante, principalmente na base do serviço público e nas escolas e universidades públicas, mas em certo ponto esbarra em um conflito de interesses. E esse mesmo conflito explicita o segundo motivo da reviravolta dos últimos anos, quanto ao qual faço uma autocrítica: não fizemos esforço suficiente para que essas propostas fossem acolhidas e incorporadas pelos movimentos sociais. Vejo que a única forma de garantir uma política pública para além de mudanças de gestão é garantir a proximidade dos movimentos sociais, daqueles que encarnam a potência de superação das contradições dessa sociedade desigual em que vivemos. Se atingimos estritamente o serviço público, grupos voluntariosos de classe média e a Academia, ficamos à mercê das correlações de forças internas ao Estado.

Mesmo tendo propiciado bons debates com os professores dentro das escolas, não envolvemos fortemente sindicatos que poderiam ter encarnado a educação ambiental dentre suas pautas. O mesmo se deu com o MST, a Via Campesina, o Movimento dos Atingidos por Barragens (MAB), a Confederação Nacional de Articulação das Comunidades Negras Rurais Quilombolas (Conaq) e os movimentos dos pescadores artesanais. Muitos "namoros" aconteceram, muitos cursos, diálogos e desejos coletivos, mas nada de mais efetivo.

Ainda que em certa medida percebêssemos essa lacuna, nos faltavam também estrutura e pessoas para tamanho trabalho. Padecemos dessa fragilidade, mas reconheço também que não é uma questão exclusiva da educação ambiental, e sim do processo democrático brasileiro. Se, na última década e meia, certas composições eleitorais permitiram garantir alguns direitos, após 2015 vivemos a derrubada rápida de muitos desses avanços, com pouca resistência organizada. À exceção de pautas que historicamente alcançam alguma mobilização popular, como a previdência, o mínimo que havia sido construído, por exemplo, para as escolas públicas, os povos tradicionais, as unidades de conservação, a regulação ambiental, a população negra, os LGBTs e as mulheres foi rápida e violentamente dissolvido. Bastaram novos cenários eleitorais e rearranjos de forças para garantir a reprodução de privilégios e interesses de classes, mudanças legais e no aparato estatal, e a retenção e redirecionamento de orçamentos para que as garantias aos direitos deixassem de funcionar ou mudassem de rumo e prioridades.

Consolidando conceitualmente o campo crítico

A chegada à Pós-graduação

Como relatei, a virada dos anos 2000 foi de um aumento exponencial em convites para viagens, palestras, docência e participação em bancas. Por muito tempo, essas duas frentes intensas, na academia e em políticas públicas, supriram meus sonhos, como suprem — em menor medida — atualmente. Em cerca de 25 anos de universidade, pude fazer exatamente o que eu queria, com um saldo colossal, ao final de 2018, de mais de trezentas publicações, quatrocentas bancas, centenas de pareceres e mais de oitenta orientações de Mestrado e Doutorado concluídas.

Em 2002, minha entrada oficial para um programa de Pós-graduação aconteceu com muita naturalidade, como uma conquista gradual. Por um lado, a segurança adquirida no Doutorado fortalecera a determinação de publicar como forma de disputar o campo, e na época meu nome ganhava cada vez mais peso do ponto de vista da discussão teórica, com alguns convites para lecionar como professor convidado.

A experiência nesses programas foi muito positiva, ao ponto de me motivar e me sentir preparado para entrar na PPGE-UFRJ em 2003. Pouco depois, em 2005, cheguei ao Programa de Pós-Graduação em Psicossociologia de Comunidades e Ecologia Social (Eicos-UFRJ). Em função da especificidade de minha formação e ao mesmo tempo da facilidade de trânsito disciplinar conferida pela perspectiva teórica, meu perfil se encaixava nas necessidades de um programa tão interdisciplinar. Começaram a me convidar para muitas bancas, até que lhes pareceu natural contar comigo como docente.

Desde então, meu currículo traduz fortemente a presença nos dois últimos programas. No Eicos, pude trabalhar com pesquisadores voltados a questões de gestão e políticas públicas, como a conservação e o licenciamento, enquanto na PPGE aprofundei o debate sobre a educação ambiental propriamente dita e o âmbito escolar. O sucesso dessa atuação se refletiu em muitos orientandos que me procuraram, muitos estudantes em disciplinas, e o excesso de trabalho naquela época era uma grande fonte de prazer, sobretudo pela autonomia que tinha em definir prioridades e dialogar com pesquisadores.

Além disso, em 2004, recebi outro grande presente em minha vida: o nascimento de Tainá, minha segunda filha tão esperada e amada. E agora, como cuidar das duas adequadamente, como ser para ambas o pai que sempre sonhei? Não tinha essa resposta, se é que algum dia consegui ter, mas procurava me dedicar ao máximo a elas. Meu tempo se resumia basicamente ao trabalho e a elas.

A formação de quadros em orientações e bancas

Minha primeira orientação ocorreu em 2004 na Universidade Estadual de Santa Cruz (Uesc), na Bahia, onde era professor convidado. Então já reconhecido como um nome da educação ambiental crítica e como um teórico que fazia um diálogo interessante com o pensamento marxista, passei a atrair um número elevado de orientandos. Ao mesmo tempo, conforme se fortalecia minha colaboração com órgãos e políticas públicas, muitos funcionários passaram a me identificar como interlocutor acadêmico e a me buscar como orientador. Sobretudo a partir de 2006, foi grande o número de quadros do Ibama, ICMBio, Jardim Botânico, Instituto Estadual do Ambiente do Rio de Janeiro (Inea), Colégio Pedro II, Colégio de Aplicação, universidades públicas, escolas públicas, e outros.

As muitas orientações conferiram um diferencial importante ao que viria a ser o grupo de pesquisa que coordeno: a reflexão crítica contínua sobre as políticas públicas, na maior parte das vezes conduzida por seus próprios elaboradores ou executores. Ao mesmo tempo, os quadros formados se qualificaram para garantir a defesa da educação ambiental e do interesse público, cada um em seu espaço de atuação.

O trabalho de orientar, apesar de imenso, sempre me trouxe muito prazer, sobretudo pela troca e pela relação de proximidade. Por meu perfil, nunca gostei de impor temas de pesquisa, deixando que cada um definisse o caminho de seu interesse.

Na realidade, a autonomia dos orientandos favoreceu a diversidade que tanto me agrada: em um dia, discutir conflitos entre conservação e moradores, no outro economia solidária, educação popular e educação ambiental, e, no terceiro, políticas de educação. Por isso, acolhi pesquisadores que tinham por afinidade a perspectiva crítica na educação ambiental, debatendo políticas públicas educacionais, licenciamento, gestão de unidades de conservação, conflitos ambientais e sustentabilidade.

Paguei, é claro, um preço alto por essa decisão. Gostar de estudar e aprender junto me obrigou a pesquisar sobre os temas mais variados. Ao mesmo tempo, nunca priorizei os debates específicos de pesquisa nas reuniões do grupo, pois seria impossível compatibilizar temas tão díspares. Assim, nossos estudos se voltaram para questões mais amplas, lendo clássicos e nomes de força no pensamento crítico, como: Marx, Lukács, Mészáros, David Harvey, John Bellamy Foster, Elmar Altvater, James O'Connors, Dussel, Joan Martinez-Alier, Gramsci, Paulo Freire, Dermeval Saviani, Gaudêncio Frigotto etc. e promovendo debates que ajudassem cada um a pensar sua pesquisa.

A participação em bancas de conclusão de curso também se destacou em meu percurso. No entanto, é preciso apontar a grande diversidade qualitativa de espaços externos à educação onde avaliei teses e dissertações. A convite, debati trabalhos em áreas tão diversas como Educação, Educação em Ciências, Ciências Ambientais, Engenharia de Produção, Engenharia da Informação, Cibernética, Letras, Filosofia, Ecologia, Sociologia, Serviço Social, entre algumas dezenas de programas. Meu esforço foi oferecer aos candidatos a mestre e doutor a visão mais global possível sobre suas propostas — versassem elas sobre o discurso ambiental, sobre a educação em Marx, sobre a educação ambiental ou sobre tecnologias sustentáveis.

Ainda nesse sentido, destaco o crescimento de convites a partir de 2004 para compor conselhos editoriais e ser parecerista *ad hoc* de revistas em educação, educação ambiental e na área ambiental em geral, além do Conselho Superior de Desenvolvimento Científico e Tecnológico (CNPq), da Capes, da Fundação Carlos Chagas Filho de Amparo à Pesquisa do Estado do Rio de Janeiro (Faperj) e outras fundações de amparo à pesquisa, o que resultou em centenas de pareceres. Essa é uma contribuição que igualmente me dá prazer: poder ler e respeitosamente comentar um trabalho que busca ser publicado é uma das boas formas de colaborar com as reflexões e com a qualidade acadêmica.

O Lieas e os livros

Com a entrada no PPGE e posteriormente no Eicos, a efervescência de orientandos e os pares acadêmicos que já se debruçavam comigo sobre as questões da educação ambiental desde os tempos do GEA, parecia estratégico fundar um grupo de pesquisa que nos representasse coletivamente no mundo acadêmico. Em 2004, portanto, fundamos o Laboratório de Investigações em Educação, Ambiente e Sociedade (Lieas), junto com Phillippe Layrargues, Roberto Leher e Ronaldo Castro.

Os mesmos colegas já caminhavam comigo há alguns anos, e juntos havíamos identificado, em conversas iniciadas em 1999, uma lacuna de publicações brasileiras em educação ambiental. Antes de 2000, à exceção de um volume traduzido de R. Thomas Tanner (1978), um livro de Genebaldo Freire Dias (1992) e um de Marcos Reigota (1994), poucas eram as publicações academicamente relevantes. Além disso, ainda que alguns mencionassem a educação popular ou Paulo Freire, poucos textos traziam um posicionamento explícito à esquerda ou aprofundavam os debates conceituais como nosso grupo faria a partir de 2004.

Assim, antes mesmo de lançar o Lieas, decidimos juntos que essa lacuna precisava ser ocupada coletivamente, e demos início a uma série de volumes organizados que viriam a se posicionar entre os mais citados da área no Brasil. O primeiro deles foi *Sociedade e meio ambiente: a educação ambiental em debate*. Publicado em 2000 com o propósito claro de marcar uma posição, tornou-se um livro muito lido, atualmente na reimpressão de sua sétima edição. Na época, ainda era nebulosa a definição do campo crítico, marcada sobretudo pelo contraste com as tendências mais biologizantes e conservacionistas, mas sem maiores diferenciações internas.

O segundo, lançado em 2002, *Educação ambiental: repensando o espaço da cidadania*, era a continuidade dessa intenção, sempre publicando com os pares que identificávamos como próximos a nosso posicionamento ideopolítico, ainda que em instituições e estados diferentes. Novo sucesso de um livro que igualmente atingiu, até o momento, reimpressões da sétima edição.

Quando decidimos organizar o terceiro, para ser publicado em 2004, alguns dos autores já estavam envolvidos em outros projetos e não conseguiram se comprometer. Eu vinha de duas publicações importantes. A primeira foi a tese de Doutorado em 2003, com o título *O movimento ambientalista e o pensamento crítico: uma abordagem política*. O segundo, com Marcus Azaziel e Nahyda Franca, foi o *Educação ambiental e gestão participativa em unidades de conservação*, editado pelo Ibama com o Ibase. A boa repercussão desses livros, ainda hoje muito citados no universo da gestão ambiental pública, favorecia o trânsito nas editoras, aliada ao grande sucesso dos títulos anteriores, com tiragens que se esgotavam rapidamente.

Apesar da desistência dos colegas na elaboração da terceira coletânea, meu entusiasmo já tinha rendido um texto com mais de setenta páginas do que seria o meu capítulo no livro planejado, e me pareceu simples dar-lhe corpo suficiente para se sustentar como um volume próprio, autoral. Sozinho, fiquei à vontade para empreender uma defesa mais aguda do marxismo como caminho necessário para quem pensa a educação como formação humana e a questão ambiental como elemento decisivo de um dilema civilizatório — proposta rapidamente acolhida pela editora. O resultado, *Trajetória e fundamentos da educação ambiental*, foi lançado no V Fórum Brasileiro de Educação Ambiental, em 2004, e vendeu quatrocentos exemplares nesse evento, chegando à segunda edição em menos de seis meses, tamanha a procura. O livro segue como uma citação presente em grande parte de artigos, teses e dissertações até 2019.

Com a internet em seus primeiros anos, não havia tanta adesão aos periódicos *on-line,* e os livros dominavam a pesquisa, conferindo um peso às trajetórias profissionais maior do que os artigos, tão popularizados hoje em dia. Além disso, tinham maior capilaridade, como comprovado em outros volumes coletivos que obtiveram excelente alcance e repercussão: *Educação ambiental no contexto escolar: um balanço crítico da década da educação para o desenvolvimento sustentável* (2015); *Gestão pública do ambiente e educação ambiental: caminhos e interfaces* (2012); *Pensamento complexo, dialética e educação ambiental* (2006); *Repensar a educação ambiental: um olhar crítico* (2009); *Educação ambiental, gestão pública, movimentos sociais e formação humana: uma abordagem emancipatória* (2009); e *A questão ambiental no pensamento crítico: natureza, trabalho e educação* (2007).

Destaco também o último livro de minha autoria, publicado em 2012: *Sustentabilidade e educação: um olhar da ecologia política*, que se encontra na terceira reimpressão.

Minha adesão à cultura dos *papers* viria na virada da década de 2010. Fiz esse movimento não só por exigência da Academia, mas por verificar que de fato passaram à condição de interlocutores relevantes, com alcance internacional e nacional, por força da crescente disponibilização virtual dos textos. Os que mais se destacaram, seja por número de citações ou por levantarem debates, foram, antes de 2010: "Ambientalismo de esquerda ou ambientalismo além da esquerda?"; "Educação ambiental e gestão participativa na explicitação e resolução de conflitos"; "Educar, participar e transformar em educação ambiental"; "Complexidade e dialética: contribuições à práxis política e emancipatória em educação ambiental"; "Crítica ao fetichismo da individualidade e aos dualismos na educação ambiental"; e "Contribuições da teoria marxista para a educação ambiental crítica".

Após 2010, destaco os seguintes: "Educação ambiental no licenciamento: uma análise crítica de suas contradições e potencialidades"; "Análise crítica do discurso do Programa Nacional de Formação de Educadoras(es) Ambientais — PROFEA: pela não desescolarização da educação ambiental"; "A hegemonia do discurso empresarial de sustentabilidade nos projetos de educação ambiental no contexto escolar: nova estratégia do capital"; "Ecologia política, justiça e educação ambiental crítica: perspectivas de aliança contra-hegemônica"; "Algumas considerações sobre a influência do marxismo na teoria da complexidade de Edgar Morin: aportes para a pesquisa em educação ambiental"; "Histórico da educação ambiental no âmbito federal da gestão ambiental pública: um panorama da divisão do Ibama à sua reconstrução no ICMBio"; "Educação ambiental na gestão ambiental pública brasileira: uma análise da Sema ao ICMBio"; "Materialismo histórico-dialético e a pesquisa em educação ambiental"; "A natureza como 'princípio material' de libertação: referenciais para a questão ambiental a partir de Enrique Dussel"; "Educação ambiental e epistemologia crítica"; "O dito e o não-dito na 'Década de educação para o desenvolvimento sustentável' promovida pela Unesco"; "Povos tradicionais caiçaras, educação escolar e justiça ambiental na península da Juatinga, Paraty-RJ"; e "Karl Marx na Leitura de Enrique Dussel: interpelações críticas à luz das lutas sociais na América Latina".

Espaços conquistados e posições marcadas

Em 2004, o recém-criado Grupo de Trabalho de Educação Ambiental (GT 22) da Associação Nacional de Pós-Graduação e Pesquisa em Educação (Anped) me indicou para o Comitê Científico da associação, no qual permaneci por dois anos.

Outra conquista relevante foi conseguir a aprovação para bolsista de produtividade do CNPq em 2007, com um projeto estritamente de educação ambiental. Em 2018, alcei à condição de bolsista 1C do CNPq. A indicação principal a ser feita aqui é que foi nesse tempo que alguns nomes conseguiram esse status junto ao CNPq estritamente na condição de educadores ambientais e com projetos que abordavam diretamente a educação ambiental, indicando uma maior aceitação da área pelo órgão central de desenvolvimento científico.

Se esses passos de institucionalização na Academia — também expressos pelo aumento exponencial de programas de pós-graduação nas mais diferentes áreas do conhecimento que tinham professores e linhas em educação ambiental — foram um sinal do amadurecimento do campo no Brasil, poucos anos depois chegaria outro, que já dava sinais em 2004 de que explodiria: a explicitação dos dissensos internos ao campo que se identificava com a denominação educação ambiental crítica.

Até então, muitos nos chamávamos "críticos" em ressonância à necessidade anterior de nos diferenciar dos educadores ambientais conservacionistas e de marcar uma leitura de mundo questionadora em alguma medida do que aí se encontra. No entanto, alguns de nós passávamos a um estranhamento crescente com a condução das políticas federais e algumas estaduais de educação ambiental: ainda que discursivamente se parecessem próximas, muitas de suas propostas nos pareciam inadequadas para a garantia do caráter público das políticas — o que gerava a necessidade de explicitação das diferenciações teóricas e das intencionalidades educativas.

Nossas diferenças em relação à lógica das parcerias público-privadas, minimizando os conflitos ambientais e o debate sobre os sujeitos fundamentais para a consolidação da educação ambiental, se intensificaram, até que constatamos a necessidade de explicitar que, embora legitimamente todos pudessem se declarar críticos, nem todos entendíamos "o crítico" da mesma forma.

Boa parte do Lieas passou então a pesquisar as políticas públicas de educação ambiental, particularmente as mais influentes — as federais —, e encaminhar suas observações e conclusões aos debates públicos da área, em congressos e encontros. Não foram poucos os embates, que giravam sobretudo em torno da construção dessas políticas, das ameaças privatizantes que permeavam o conjunto das políticas federais e de seu conteúdo ideologicamente conciliador de classes.

Por outro lado, havia uma tendência na época — que permanece viva e se intensificou no Governo Federal a partir de 2019 —, em diferentes espaços, a uma educação ambiental anti-intelectualista, de um pragmatismo raso, voltada à solução imediata dos problemas aparentes, acompanhada pelo apelo à comoção e à comunhão geral entre os indivíduos. Convencido de que a urgência dos problemas socioambientais nos exigia um mínimo de coerência teórica e ideológica na compreensão da complexidade do real, não foram poucas as falas que fiz me posicionando frontalmente contra esse tipo de abordagem, deixando claro meu entendimento de "crítico": uma crítica à sociedade capitalista, a essa forma social. Não se tratava, assim, de uma crítica individual, comportamental, moral ou cognitiva, da capacidade de exercitar pensamento crítico — ainda que, evidentemente, sejam dimensões constitutivas da crítica à totalidade social capitalista. Nesse ponto, assumi conscientemente a radicalização das falas e dos posicionamentos como condição para a explicitação das contradições e das disputas em andamento. Minha questão nunca foi pessoal, mas de projeto de sociedade e de visão de mundo. A rigor, meu compromisso de estar ao lado das crianças da Tia Ciata e da vida na baía de Guanabara implicitamente se reafirmava e continuava inabalável.

Diante disso, nosso grupo se via na obrigação de aprofundar teoricamente esse debate. Dialogávamos com Paulo Freire, com a Pedagogia Histórico-Crítica, com Marx e autores marxistas e com a teoria da complexidade, no esforço de trazer ao debate público o que nos pareciam apropriações no mínimo problemáticas de suas propostas pedagógicas. Ficamos caracterizados então como um grupo que não se limitava aos autores da educação ambiental, pois fazíamos questão de explicitar e questionar pressupostos e fundamentos teóricos.

Isso levou, por um período, a uma necessidade de categorizar tendências teóricas a partir das diferenciações que tínhamos estabelecido para o campo. O objetivo não era rotular os pares, mas explicitar os fundamentos de cada tendência ou perspectiva. A depender do que cada um entendia por ser humano e pela finalidade da educação, trataria a educação ambiental de um modo diferente — o que levava a práticas diferentes e a concepções de políticas públicas nem sempre compatíveis entre si. Isso é o que precisava e continua sendo preciso explicitar e trazer ao debate.

Foi um movimento necessário de diferenciação, que cumpriu seu papel. Depois, se tornou um pouco datado, porque muitos passaram a querer encaixar a dinâmica da área dentro das classificações, antes mesmo de observar propriamente essas dinâmicas. E esse tipo de movimento, a meu ver, traz rotulagens *a priori* que não ajudam em nada no compreender e fazer a educação ambiental.

Por fim, antes de passar ao próximo ponto, cabe ressaltar que esse forte e intenso movimento teórico e de formação de pessoas, diria, entre 2004 e 2015, teve um importante efeito na constituição de grupos de pesquisa que assumiam o referencial crítico em todo o país. Segundo pesquisas feitas sobre o assunto (Lopes, 2019; Junta; Santana, 2011; Oliveira, 2015; Teixeira et al., 2007), se considerarmos o Encontro de Pesquisa em Educação Ambiental (Epea) e o GT 22 da Anped, de 2007 até 2017, o total de publicações que se declararam "críticas" se estabilizou em aproximadamente 40% a 45% do total publicado, quadruplicando em relação ao começo da década de 2000.

Curiosamente, o uso de publicações de minha autoria se expandiu de tal forma que admito existir um curioso efeito paralelo: uma apropriação para validar posições que não defenderia. Os textos são públicos e ganham o mundo. Não temos controle sobre o uso feito e o tipo de interpretação mobilizada a partir do que está escrito, e nem é essa a questão. Considero isso muito bom, propiciando novas e criativas interlocuções teóricas e alternativas práticas. A questão é quando se passa de um limite razoável de compreensão do que está sendo afirmado. As consequências disso? Não sei dizer. Não me preocupo do ponto de vista pessoal. As publicações são públicas, repito, e o conhecimento circula. O que ainda me inquieta é a proliferação de confusões conceituais que dificultem posicionamentos melhor fundamentados.

O marxismo e os diálogos teóricos

Esse breve roteiro por minha trajetória deixa clara a adesão irrevogável ao pensamento marxista, iniciada como impressão, encorpada pelas experiências e aprofundada nos estudos, que me levaram a descobrir a existência de vários marxismos, desde um marxismo heideggeriano até o positivista, desde o da teologia da libertação até o estruturalismo francês, do determinismo tecnológico à historiografia inglesa, de leituras desenvolvimentistas ao marxismo ecológico, com incontáveis variações entre eles.

Quanto mais estudei seus autores, mais me encantei, sobretudo com a escola húngara de Lukács, os frankfurtianos, a filosofia da libertação e a linhagem thompsoniana inglesa. Em termos de autores mais contemporâneos, com David Harvey, Elmar Altvater, John B. Foster e Enrique Dussel. Primeiro, por encontrar em seus textos conexões com outras questões que perpassam a vida. Segundo, porque me ajudam a enxergar os limites do meu campo teórico no universo da educação ambiental e do próprio Marx, que evidentemente não tinha resposta para tudo — algo do qual era ciente, tanto que fazia questão de não tomar seus conceitos como dados e a-históricos — o que, aliás, era uma expressão de sua coerência epistemológica e de método.

Pelo contrário, o ponto de partida de suas indagações era a realidade, o mundo existente, para o qual se abria em busca de pôr à prova seus próprios esquemas conceituais. Com essa mesma postura, creio que é possível transitar entre autores marxistas, entre autores que tiveram em Marx um ponto relevante de interlocução, e entre autores de outras teorias próximas, desde que sem perder de vista a imensidão de sua contribuição para o entendimento da sociedade capitalista em que vivemos, sua ontologia e a coerência epistemológica.

Foi mantendo sua teoria como pano de fundo de minhas leituras que sustentei o compromisso com o trabalho político e com o rigor conceitual — por vezes incompreendido como academicismo ou preciosismo. Lembrando-me sempre das crianças moradoras das ruas da cidade e das favelas onde trabalhei é que pude defender uma educação ambiental comprometida com a transformação social. Pensando que nossas falas têm consequências políticas é que cheguei a questionar as teorias e práticas que me pareceram formalmente transgressoras, mas essencialmente indiferentes à desigualdade e à coisificação do mundo.

Para além das categorias estritamente marxistas e da educação ambiental, o primeiro dos sistemas conceituais por onde fiz uma breve mas rica passagem foi o feminismo. Nos anos 1990, minha primeira esposa me apresentou a debates importantes sobre gênero. A trabalhadora e o papel da mulher na reprodução social e na acumulação primitiva, a importância da família para a preservação da propriedade privada na sociedade burguesa: temas que mais recentemente reencontro, felizmente, em um conjunto de autoras feministas marxistas que retomam um lugar de destaque no debate de gênero, com uma releitura muito oportuna de Marx. Entre outras, as de minha preferência são Angela Davis, Lise Vogel, Tithi Bhattacharya, Silvia Federici, Susan Ferguson, Cinzia Arruzza, na compreensão de que o capitalismo é uma formação social que necessita da condição subordinada da mulher para se reproduzir e acumular capital, e supõe ideologicamente o machismo.

Já na década de 2000, me aproximei do debate sobre o pensamento complexo. Na época, percebia uma apropriação perigosa de suas teorias — sobretudo de Edgar Morin — por afirmações relativistas que proliferavam na educação ambiental. A ideia de que a realidade é composta por múltiplas dimensões e relações era interpretada e utilizada por muitos colegas de forma distorcida. Seus procedimentos pressupunham abordar a complexidade da realidade por meio da soma de todas as perspectivas possíveis sobre um tema — capazes, quando justapostas, de revelar a verdade sobre ele. O resultado eram colchas de retalhos conceituais, muitas vezes sem coerência lógica ou ideológica — com os quais me via na obrigação de dialogar.

Para isso, me familiarizei com o vocabulário e os pressupostos da complexidade, que de fato traziam contribuições importantes para o debate ambiental. Coincidiam com minha concepção de educação como formação humana e colocavam a questão ambiental como elemento decisivo da necessidade de superação das relações sociais capitalistas, alienadas. Após um tempo, porém, pareceu-me que voltar estritamente às bases do marxismo seria mais proveitoso para meu trabalho acadêmico, pois nelas encontrava mais respostas à necessidade de qualificar o debate da educação ambiental com um sistema conceitual consistente e amplo o suficiente para dar conta de uma sociedade de classes com muitas contradições.

Nessas leituras de décadas, ainda encontro ressonância a um campo de interesse que frequento: por força da prática de várias artes marciais orientais, me aproximei da filosofia chinesa em especial por intermédio de meu Sifu Ricardo Queiroz, do estilo Ving Tsun de Kung Fu, a que me dedico desde 1999. Nela, reencontro outras conceptualizações que dialogam com minha visão de mundo, como a determinação das condições objetivas e das relações sobre a definição do que somos como pessoa, como a importância do potencial da situação na ação e como o diálogo — por meio de várias linguagens —, afastando-se dos essencialismos e dualismos do pensamento de matriz ocidental (ou de parte deste). Mais do que isso, encontro uma prática concreta dentro daquilo que acredito e que me faz bem participar e crescer com meus irmãos Kung Fu.

A relação iniciada em 2008 com sacerdotisas e grandes sábios e sábias de tradições africanas, por outro lado, ajudou a embasar minha convicção de que o capital impõe não apenas uma desigualdade de gênero, material e no acesso à riqueza produzida, mas também uma desigualdade de cor e culturas. Entendi, no convívio com eles e elas e nas rotinas dos rituais, que a legitimação da subalternidade e da expropriação passa por critérios que têm a ver com a materialidade de como o capitalismo se constitui, com uma posição diferenciada para o branco burguês europeu — com seus valores e crenças — com relação ao negro ou ao indígena, até mesmo na ascensão ao trabalho assalariado. Portanto, as lutas emancipatórias só ganharão em intensidade e qualidade quando a superação das relações sociais dominantes for radical — ou seja, quando suprimir a alienação capitalista e abrir o diálogo em igualdade para tradições, culturas e práticas sociais antes subalternizadas, invisibilizadas ou massacradas.

Ao mesmo tempo, encontro apoio para compreender a geopolítica e a economia do racismo na teoria marxista da dependência, que tem sido parte de minhas últimas leituras — em destaque, Luce (2018). Além desses, mas próximos a esses, Enrique Dussel me ajuda a entender a América Latina e seu lugar no mundo, por que nosso intercâmbio comercial é desigual e por que as transferências de valor se dão sempre daqui para os países centrais do capitalismo mundial.

Ao demonstrar como o capitalismo se constitui de forma necessariamente desigual, Dussel deixa claro que não pode haver expectativa de desenvolvimento humano em um sistema que se desenvolve por meio de desigualdades — uma verdade importante para o ambientalismo, mas ainda ignorada por certas leituras do campo crítico que aderem a um desenvolvimentismo destrutivo. Além disso, seu diálogo "marxo-fenomenológico" demonstra que o eurocentrismo não é apenas um processo de afirmação de um projeto europeu que se hegemonizou para o mundo, mas inerentemente também um projeto de negação do outro — o que se aplica tanto existencial quanto economicamente.

Tenho cada vez mais me interessado também por diálogos existenciais, reconhecendo que o peso dado pelo marxismo — por força das necessidades práticas e políticas, e não por questões ontometodológicas — à dimensão coletiva e histórica por vezes propicia leituras que subvalorizam as singularidades e angústias do indivíduo. Em minhas inquietações pessoais e epistemológicas, parece-me importante pensar nas biografias de militantes como Rosa Luxemburgo, Walter Benjamim, Che Guevara ou o próprio Marx, e no que implicou priorizar a luta em detrimento de suas relações pessoais. Ou, mais do que isso: que sujeito se constitui com esse padrão de envolvimento com as lutas históricas?

Volta e meia me deparo com esse dilema, na busca do equilíbrio — inevitavelmente dinâmico — entre minha contribuição com a defesa da educação ambiental crítica e minha saúde, minha família e meus afetos. Ainda que sempre acompanhado pela convicta certeza de que se constituir na luta é uma das formas mais belas para "ser mais" — em sentido freireano — do que nos oferece uma sociedade de classes.

Reflexões sobre o momento atual

Quando faço esse balanço, identifico um grande cansaço junto ao ânimo e ao prazer de estar na luta. Por muito tempo, tudo que quis — e que quiseram de mim — foi trazer uma contribuição efetiva para a educação ambiental. Portanto, nada mais natural que trabalhar muitas horas por dia, dar aulas, criar projetos e políticas, ser ouvido por muitas pessoas, ter inúmeros orientandos e viajar até duas vezes por semana para os lugares mais distantes do Brasil. Ficar em casa ou ocioso durante um dia inteiro me gerava tremores, tamanha a angústia pela urgência de trabalhar pela transformação da sociedade. Em muitos momentos, porém, esse ritmo foi uma maldição. Se antes olhei para meu Currículo Lattes com satisfação, hoje ele é um lembrete do preço que paguei para fazer o que fiz.

Sem arrependimentos, e com serenidade para aprender com os erros e acertos, posso reconhecer o quanto minha vida privada foi comprometida e o quanto arrisquei minha saúde ao ponto de quase morrer de tuberculose. Minha filha mais velha, inclusive, hoje trabalha com conflitos ambientais, conhece a relevância de meu trabalho e consegue entender melhor esse processo, mas por muito tempo sentiu essa ausência, que também senti ao ponto de muitas vezes me prometer mudar, reduzir o ritmo de trabalho e reservar mais tempo para outras partes da vida. Nunca tinha cumprido essas promessas, até 2014.

Aos poucos, pude reduzir a angústia de quem quer ver no mundo as mudanças que busca ajudar a promover, e aceitar o ritmo do tempo histórico. Por mais desoladoras que fossem as situações que conheci por força do trabalho (fome, miséria, violência, destruição...), aprendi a olhar para elas e aceitar que não adiantava me desesperar pela supressão das relações alienadas.

Aos vinte anos, como muitos militantes, tive a esperança de encontrar a receita que transformaria a sociedade. Aos poucos, observando companheiros que sucumbiram a essa procura, aceitei que o mundo é muito maior do que o alcance de minha ou de qualquer contribuição individual. Assim, constatei que superar as relações capitalistas enquanto estou vivo não poderia ser minha primeira questão — mesmo que seja um horizonte utópico necessário —, e sim lutar para valorizar e reconhecer as vidas que habitam o mundo, sob uma perspectiva revolucionária. Não faria sentido, portanto, lutar por essas vidas abrindo mão da minha.

Retomando a pessoa privada

Nessa mudança de perspectiva, foram importantes três diálogos. O primeiro foi o mergulho na espiritualidade e na cultura ancestral africana, que fortaleceu minha serenidade com a firmeza de quem se sabe sempre bem acompanhado. Os povos africanos e a sabedoria ancestral me ensinaram a manter a firmeza de princípios e ideais junto à alegria de viver e a serenidade diante das violências que a sociedade nos impõe.

O segundo foi o mergulho crescente na vida Kung Fu, por meio do Ving Tsun, que me faz ouvir melhor o outro e entender o potencial de cada situação. Trabalhar corporalmente e experienciar com o outro o aprendizado Kung Fu é algo único que me traz equilíbrio e paz.

O terceiro, de modo muito singular, foi o casamento com minha esposa, precedido de anúncios espirituais sobre um encontro que transformaria minha vida — e efetivamente transformou, no sentido de me voltar a outros acontecimentos e me abrir para a alegria e para a realização pessoal com aquela que me preenche, "sem medo de ser feliz".

Se antes o *workaholismo* prevenia o ócio e me deixava tranquilo de que meu compromisso com as vítimas do capital não estava rompido, nos últimos anos me tornei capaz de preservar momentos de tranquilidade e desfrutar a simplicidade de ouvir o som do canto dos pássaros comendo uma taça de sorvete — um convite que me teria ofendido antes da década de 2010, tamanha minha contaminação pela urgência de lutar. Além da pressão autoimposta, porém, agora enfrento também o desafio de redimensionar as expectativas alheias sobre a persona pública amável e contundente.

O exercício da confiança

O tempo que hoje dedico a mim e à família me leva a procurar reorganizar frentes de trabalho e qualificar melhor certos eixos de reflexão. Sigo priorizando as orientações, por exemplo, mas gradualmente consigo reduzir o número de orientandos, para pelo menos me ater ao patamar quantitativo recomendado pela Capes. Do ponto de vista teórico, começo a me concentrar em temas polêmicos que demandam respostas urgentes ou maior detalhamento, tratando de questões teóricas que pedem maior aprofundamento e maturidade conceitual. Ao mesmo tempo, coloco em retenção minhas viagens para bancas, palestras e assessoria a políticas públicas.

Avalio que, ao longo de minha trajetória, tive oportunidade de conhecer, conversar e formar pessoas competentíssimas em todos os estados. Hoje elas trabalham em escolas, universidades e órgãos ambientais, cada qual com seu grupo de pesquisa ou de trabalho, gerando inúmeras possibilidades de interlocução.

No cenário contemporâneo de desmonte das políticas públicas e ataques brutais ao campo ambiental e à vida dos povos tradicionais, não poderia deixar de me satisfazer ao verificar a perspectiva crítica se perpetuar na reflexão e no trabalho de colegas, militantes, ex-estudantes e ex-orientandos. Se, como disse antes, o que me interessou foi criar espaços inexistentes, transitar e abrir frentes, não há cenário melhor do que confiar em tantos companheiros e companheiras, profissionais e saber quem pode desempenhar um papel excelente em cada espaço. Eventualmente reencontro alguns deles, e ainda tenho oportunidade de acompanhar seus trabalhos a distância, dialogando e até apoiando os processos da educação ambiental.

Nessa altura da trajetória pessoal, é claro, me deparo com releituras, reflexões e balanços sobre a vida e o percurso acadêmico. Do ponto de vista teórico, me afino com um grande movimento de renovação da leitura de Marx diante da intensificação das crises do capital, me parecendo urgente superar leituras "prós e contra", que identificaram seu pensamento com um economicismo ou um determinismo tecnológico, ou mesmo com um genérico e impreciso sistema de razão moderna, que coloca no mesmo conjunto perspectivas que são antitéticas e por demais diversas.

O pensamento de Marx é vivo, intenso e complexo — e sua trajetória não poderia gerar algo diferente. A meu ver, sua estruturação parte sempre da abertura às interpelações do mundo, de um método relacional e dialético, da fidelidade à categoria totalidade e da tentativa de compreender a sociedade capitalista e dar respostas consistentes e vigorosas para a explicação da realidade, atuando ativamente na transformação social. Isso passa necessariamente por entender que a materialidade social não é uma derivação secundária das relações econômicas, mas se dá nas múltiplas determinações que se estabelecem na produção material, social e histórica da existência, no ato social do sujeito que trabalha e que, ao trabalhar, produz ativamente sua existência em sociedade.

Nesse debate, reforço minha convicção sobre a relevância da educação ambiental. Para além da identificação pessoal, construída ao longo de minha biografia, a educação ambiental pode chamar a atenção para a mútua constituição sociedade-natureza naquilo que cabe à educação. Essa relação, tão negligenciada à esquerda e à direita do pensamento contemporâneo, pode alçar muitos olhares à visão do mundo como uma totalidade viva — como a baía de Guanabara de minha infância e juventude.

Palavras Finais

Está feito o percurso dialógico anunciado na introdução. Chego aqui com um sentimento de satisfação por ter conseguido produzir um novo livro, atendendo a muitos pedidos e questionamentos que se multiplicaram nos últimos anos. O universo de sentidos, explicações, teorizações, indicações metodológicas ao se abordar a interface entre povos tradicionais e educação ambiental é gigante ou até mesmo infinito em potencialidades e possibilidades. Para mim, é fundamentalmente apaixonante e encantador como aprendizado conviver com eles, vivenciar ricas experiências coletivas, por tudo que tais grupos sociais trazem com a ancestralidade e por materializarem todas as contradições e negações dessa sociedade, indicando outros rumos societários.

Devo dizer, foi no contato com a tradicionalidade e a ancestralidade que consegui "ser mais" como pessoa, dialogar com diferentes cosmovisões, repensar a minha visão de mundo, melhorar a capacidade de diálogo e de escuta, de aprendizagem por linguagens antes pouco conhecidas ou com as quais tinha dificuldade de interagir.

Com a delimitação feita, meu objetivo não foi fazer um tratado sobre o tema. Foi muito mais mostrar, problematizar, comentar e teorizar aspectos que considero indispensáveis para aqueles que transitam pela educação ambiental crítica, com um olhar voltado para os povos tradicionais. É um livro introdutório que, espero, despertará o interesse por novas pesquisas e formulações que contribuam para as lutas sociais. É certamente o primeiro livro de outros que publicarei com finalidades similares. Foi objetivo também evidenciar meus laços com eles e minha trajetória, que despertam curiosidades variadas, recusas, aceitações, dúvidas, concordâncias e questionamentos, contribuindo para o próprio campo em seu contínuo movimento de criação de possibilidades educativas que ajudem o enfrentamento dos desafios postos em nosso tempo histórico.

Sei que tanto os aspectos relativos às minhas práticas e experiências em educação ambiental com povos tradicionais quanto aqueles que dizem respeito ao aprofundamento teórico podem, como disse, se desdobrar em inúmeras outras reflexões expressas em textos e debates públicos. Há muito para se investigar e experimentar em relação ao uso das artes, da comunicação popular e do Teatro do Oprimido na educação ambiental crítica e sua articulação a outros processos formativos na práxis educativa — uma ousadia de cujas primeiras iniciativas no país pude participar por intermédio dos projetos de educação ambiental sob responsabilidade do Ibama, que têm se mostrado muito ricas e promissoras.

É preciso trazer mais ao diálogo nos espaços acadêmicos os mestres das tradições e as lideranças de movimentos sociais, permitindo novos entendimentos e uma produção teórica mais vigorosa. Essa aproximação, porém, precisa ser em condição de igualdade — e não como elemento figurativo ou performático. É pouco razoável inserir em eventos de educação ambiental tão somente espaços de feiras e trocas de produtos e artes quilombolas, indígenas ou camponesas — ainda que sejam importantes —, sem abertura para a discussão de questões que afetam a reprodução de seus modos de vida e a sobrevivência humana, como a propriedade da terra, a soberania e segurança alimentar, a diversidade cultural e biológica, o diálogo igualitário entre saberes populares e científicos etc. Mais do que isso, é fundamental a abertura como acolhimento, para o diálogo horizontal, para a produção dos eventos e para a tomada de decisões conjuntas.

Ainda nesse sentido, são necessárias pesquisas e publicações que analisem as relações entre povos tradicionais, educação ambiental e escolas, seja no que se refere aos direitos a uma educação pública universal e diferenciada, seja sobre os currículos e os limites das instituições escolares diante das tradições. E são urgentes novas práticas e iniciativas!

Do ponto de vista estritamente teórico, vejo como desafio retomar sistematicamente as discussões ontológicas e epistemológicas acerca da educação ambiental, explicitando de modo rigoroso os fundamentos do que se faz, as intencionalidades e as finalidades do ato educativo, o que se entende e se toma por pressuposto quando se fala em ser humano, trabalho, educação, sociedade e natureza. Coerentemente com meu posicionamento, isso não é um preciosismo teórico, mas uma exigência para que as escolhas feitas sejam conscientes. Rigor teórico é condição para ser educador, principalmente em tempos em que mentiras grotescas viram verdades pela repetição exaustiva de suas mensagens e pela banalização do debate rigoroso, transparente, sincero e honesto.

Todavia, é oportuno encerrar lembrando que as reflexões, teorizações e indicações metodológicas feitas são válidas, para além do que experenciei, porque se inscrevem em um contexto mais amplo que coloca minhas escolhas, estudos e práticas sociais sob determinações histórico-sociais. Os desafios de nosso tempo histórico são enormes para os que buscam a justiça social e ambiental. Nunca se viu tamanha destruição acompanhada da universalização de várias formas de violência (intolerância, desprezo, agressões, ameaças, coerções...) para com o outro. Nunca se teve tamanha riqueza material e conhecimento para a resolução de questões básicas de sobrevivência (alimentação, saneamento, moradia etc.) e ao mesmo tempo tamanha miséria, sofrimento pela fome, morte por insalubridade e destruição em ritmo acelerado de ecossistemas e biomas inteiros. Por isso, o para que, por que e com quem educamos é uma chave política crucial, para além de uma premissa metodológica. Urge saber onde estamos nessa história e o que queremos deixar como legado.

Nesse movimento, junto ao realismo necessário à compreensão do que estamos vivendo, é preciso otimismo na ação, de modo a não nos paralisarmos e a reconhecermos que as coisas não são absolutas e monolíticas, e sim repletas de contradições e aberturas para o novo. Se observarmos nossa breve jornada no planeta como espécie, verificaremos a velocidade com que criamos rupturas em nossos modos de produzir a existência e a vida. E por que não buscar novas transformações que nos levem à emancipação humana como horizonte de um novo projeto societário e de humanidade?

Por vezes, é por demais difícil encontrar as saídas quando estamos imersos na crise angustiante. É até mesmo difícil acreditar que elas possam existir. Só que as saídas não estão prontas nos aguardando. Não há um lugar ideal para onde devemos rumar. Alternativas são possibilidades históricas que se mostram porque o que aí está traz em si sua própria negação e superação. Mas a existência da potência da transformação não significa que obrigatoriamente se alcançarão superações em direção a novos patamares na relação sociedade-natureza. Para que isso ocorra, é preciso ter a firme convicção de que podemos, na ação coletiva e organizada, no diálogo sincero e aberto ao outro que está na condição de expropriado e oprimido no capitalismo, produzir um novo tipo de sociedade e, portanto, de pessoas. E, se educar significa se humanizar em processos sociais intencionais, a educação ambiental crítica realizada com e pelos povos tradicionais é uma contribuição efetiva, um meio de condução de esperanças e utopias e um sinal de confiança nas pessoas do povo. A crítica se faz necessária para que possamos superar as relações alienadas, viver livremente e apreciar a beleza da vida.

REFERÊNCIAS

ACSELRAD, Henri. Os descaminhos do "ambientalismo consensualista". *Observatório Social de América Latina*, ano XIII, n. 32, nov. 2012.

_____. A ambientalização das lutas sociais: o movimento por justiça ambiental. *Estudos Avançados*, v. 24, n. 68, 2010.

ADORNO, Theodor W. *Prismas: crítica cultural e sociedade*. São Paulo: Ática, 1998.

ADORNO, Theodor W.; HORKHEIMER, Max. *Dialética do esclarecimento*. Rio de Janeiro: Jorge Zahar, 1985.

ALTVATER, Elmar. *O fim do capitalismo como o conhecemos*: uma crítica radical do capitalismo. Rio de Janeiro: Civilização Brasileira, 2012.

BENJAMIN, Walter. *A obra de arte na época de sua reprodutibilidade técnica*. Porto Alegre: Zouk, 2012.

BIHR, Alain. *Da grande noite à alternativa*: o movimento operário europeu em crise. 2. ed. São Paulo: Boitempo, 2010.

BOAL, Augusto. *Teatro do oprimido e outras poéticas políticas*. Rio de Janeiro: Civilização Brasileira. 2005.

BOURDIEU, Pierre. *O poder simbólico*. Rio de Janeiro: Bertrand Brasil, 2007.

_____. *A economia das trocas simbólicas*. 6. ed. São Paulo: Perspectiva, 2005.

_____. *Razões práticas. Sobre a teoria da ação*. Campinas: Papirus, 1996.

CHASIN, José. *Estatuto ontológico e resolução metodológica*. São Paulo: Boitempo, 2009.

COSTA, César Augusto S.; LOUREIRO, Carlos Frederico B. Questão ambiental, neoextrativismo e capitalismo periférico: uma leitura política em Enrique Dussel. *SER Social*, v. 20, n. 42, jan.-jun. 2018.

_____. Interculturalidade, exclusão e liberdade em Paulo Freire na leitura de Enrique Dussel: aproximações crítico-metodológicas para a pesquisa em educação ambiental. *Pesquisa em Educação Ambiental*, v. 10, n. 1, jan.-jun. 2015.

DIAS, Genebaldo F. *Educação ambiental: princípios e práticas*. São Paulo: Gaia, 1992.

DIEGUES, Antônio Carlos S. *O mito moderno da natureza intocada*. 5. ed. São Paulo: Hucitec, 2004.

DUSSEL, Enrique. El Marx del "segundo siglo". *Cuadernos de Descolonización y Liberación*, v. 13, n. 21, jul.-dez. 2018.

_____. *Filosofia da Libertação: crítica à ideologia da exclusão*. São Paulo: Paulus, 2015. 5. reimpressão.

_____. *A produção teórica de Marx (um comentário aos Grundrisse)*. São Paulo: Expressão Popular, 2012.

_____. *Marx y la modernidad*. La Paz: Rincón, 2008.

_____. *1492. O encobrimento do outro: a origem do "mito da modernidade"*. Petrópolis: Vozes, 1993.

FEDERICI, Silvia. *Calibã e a bruxa. Mulheres, corpo e acumulação primitiva*. São Paulo: Elefante, 2017.

FERGUSON, Susan. Feminismos interseccional e da reprodução social: rumo a uma ontologia integrativa. *Cadernos CEMARX*, n. 10, 2017.

FLEURY, Lorena Cândido; ALMEIDA, Jalcione. Populações tradicionais e conservação ambiental: uma contribuição da teoria social. *Revista Brasileira de Agroecologia*, v. 2, n. 3, dez. 2007.

FONTES, Virgínia; MIRANDA, Ary. Pensamento crítico e as populações do campo, da floresta, das águas e... das cidades. *Tempus, actas de saúde coletiva*, v. 8, n. 2, jun. 2014.

FOSTER, John Bellamy. *A ecologia de Marx*: materialismo e natureza. Rio de Janeiro: Civilização Brasileira, 2005.

FREIRE, Paulo. *Pedagogia do oprimido*. 60. ed. São Paulo: Paz e Terra, 2016.

_____. Carta de Paulo Freire aos professores. *Estudos Avançados*, v. 15, n. 42, maio-ago. 2001.

_____. *Pedagogia da autonomia: saberes necessários à prática educativa*. São Paulo: Paz e Terra, 1996.

_____. *Pedagogia da esperança*. São Paulo: Paz e Terra, 1992.

GRONDIN, Jean. *Hermenêutica*. São Paulo: Parábola, 2012.

HARVEY, David. *O novo imperialismo*. São Paulo: Loyola, 2003.

HOBSBAWM, Eric. *A invenção das tradições*. Rio de Janeiro: Paz e Terra, 1984.

INFRANCA, Antonino. *Trabalho, indivíduo, história: o conceito de trabalho em Lukács*. São Paulo: Boitempo, 2014.

KOSIK, Karel. *Dialética do concreto*. 7. ed. Rio de Janeiro: Paz e Terra, 2002.

JUNTA, V. da S.; SANTANA, Luis Carlos. Concepções de educação ambiental e suas abordagens políticas: análise de trabalhos dos Encontros de Pesquisa em Educação Ambiental (I, II e III EPEAs). *Pesquisa em Educação Ambiental*, v. 6, n. 1, p. 47-65, jan.-jun. 2011.

LOPES, Priscila Amaro. *Os sentidos da crítica na educação ambiental crítica*. Rio de Janeiro. Dissertação (Mestrado em educação). Programa de Pós-Graduação em Educação. Universidade Federal do Rio de Janeiro, Rio de Janeiro, 2019.

LOUREIRO, Carlos Frederico B. *Trajetória e fundamentos da educação ambiental*. 4. ed. São Paulo: Cortez, 2016. 1. reimpressão.

_____. Educação ambiental e epistemologia crítica. *Revista Eletrônica do Mestrado em Educação Ambiental*, v. 32, n. 2, jul.-dez. 2015.

_____. Indicadores. In: FERRARO JÚNIOR, Luís A. (Org.). *Encontros e caminhos*. v. 3. Brasília: Ministério do Meio Ambiente, 2014.

_____. *Sustentabilidade e educação*: um olhar da ecologia política. São Paulo: Cortez, 2012.

LOUREIRO, Carlos Frederico B. Emancipação. In: FERRARO JUNIOR, Luís A. (Org.). *Encontros e caminhos: formação de educadoras(es) ambientais e coletivos educadores.* v. 2. Brasília: Ministério do Meio Ambiente, 2007.

_____. Teoria crítica. In: FERRARO JUNIOR, Luís. A. (Org.). *Encontros e caminhos: formação de educadoras(es) ambientais e coletivos educadores.* v. 1. Brasília: Ministério do Meio Ambiente, Diretoria de Educação Ambiental, 2005.

_____; BARBOSA, Geisy L.; ZBOROWSKI, Marina B. Os vários "ecologismos dos pobres" e as relações de dominação no campo ambiental. In: LOUREIRO, C. F. B.; LAYRARGUES, P. P.; CASTRO, R. S. de (Orgs.). *Repensar a educação ambiental: um olhar crítico.* 2. ed. São Paulo: Cortez, 2012.

_____; ANELLO, Lúcia F. S. de. Educação ambiental no licenciamento: aspectos teórico-metodológicos para uma prática crítica. In: PEDRINI, A. de G.; SAITO, C. H. (Orgs.). *Paradigmas metodológicos em educação ambiental.* Petrópolis: Vozes, 2014.

_____; FRANCO, Jussara B. Aspectos teóricos e metodológicos do círculo de cultura: uma possibilidade pedagógica e dialógica em educação ambiental. *Ambiente e Educação*, v. 17, n. 1, 2012.

_____; LAYRARGUES, P. P. Ecologia política, justiça e educação ambiental crítica: perspectivas de aliança contra-hegemônica. *Trabalho, Educação e Saúde*, v. 11, n. 1, jan.-abr. 2013.

_____; SAISSE, Maryanne; CUNHA, Cláudia C. Histórico da educação ambiental no âmbito federal da gestão ambiental pública: um panorama da divisão do Ibama à sua reconstrução no ICMBio. *Desenvolvimento e Meio ambiente*, v. 28, jul.-dez. 2013.

_____; SAISSE, Maryanne. Educação ambiental na gestão ambiental pública brasileira: uma análise da Sema ao ICMBio. *Revista Educação Pública*, v. 23, n. 52, jan.-abr. 2014.

_____; SILVA NETO, José Garajau da. O retorno de Marx em tempos neoliberais: sobre a ontologia e a política. *Argumentum*, v. 10, n. 2, maio-ago. 2018.

_____; VIÉGAS, Aline. Princípios normativos da educação ambiental no Brasil: abordando os conceitos de totalidade e de práxis. *Pesquisa em Educação Ambiental*, v. 8, n. 1, 2013.

LUCE, Mathias Seibel. *Teoria marxista da dependência*: problemas e categorias. Uma visão histórica. São Paulo: Expressão Popular, 2018.

LUKÁCS, György. *Para uma ontologia do ser social I*. São Paulo: Boitempo, 2012.

_____. *Prolegômenos para uma ontologia do ser social*: questões de princípios para uma ontologia hoje tornada possível. São Paulo: Boitempo, 2010.

MACHADO, Gustavo. *Marx e a história: das particularidades nacionais à universalidade da revolução socialista*. São Paulo: Sundermann, 2018.

MARIUTTI, Eduardo B. *Presentismo e a crise da modernidade II*: fundamentos — Karl Marx. Texto para Discussão. Unicamp. IE, Campinas, n. 350, dez. 2018.

MARQUES, Luiz. *Capitalismo e colapso ambiental*. 2. ed. Campinas: Edunicamp, 2016.

MARX, Karl. *O capital*. v. 1. São Paulo: Boitempo, 2013.

_____. *Grundrisse: manuscritos econômicos de 1857-1858. Esboços da crítica da economia política*. São Paulo: Boitempo, 2011.

MARX, Karl. *O 18 Brumário de Luís Bonaparte*. São Paulo: Boitempo, 2011.

_____. *Manuscritos econômico-filosóficos*. São Paulo: Boitempo, 2008.

_____. *Contribuição à crítica da economia política*. São Paulo: Martins Fontes, 2003.

MARX, Karl; ENGELS, Friedrich. *A ideologia alemã*. São Paulo: Boitempo, 2007.

MOUTINHO DA COSTA, Lara. Territorialidade e racismo ambiental: elementos para se pensar a educação ambiental crítica em unidades de conservação. *Pesquisa em Educação Ambiental*, v. 6, n. 1, jan.-jun. 2011.

MURICY, Kátia. *Ecce homo: a autobiografia como gênero filosófico*. Rio de Janeiro: Zazie, 2017.

FUNDAÇÃO OSWALDO CRUZ. Núcleo Ecologias, Epistemologias e Promoção Emancipatória da Saúde. *Mapa de conflitos envolvendo injustiça ambiental e saúde no Brasil*. Rio de Janeiro: Fundação Oswaldo Cruz, s/d. Disponível em: <mapadeconflitos.ensp.fiocruz.br>. Acesso em: 10 jan. 2019.

OLIVEIRA, Ana Carolina B. de. *A penetração da educação ambiental crítica nos artigos publicados na ANPEd*. Dissertação (Mestrado em Educação) — Departamento de Educação, Pontifícia Universidade Católica do Rio de Janeiro, Rio de Janeiro, 2015.

OSÓRIO, Jaime. Sobre superexploração e capitalismo dependente. *Caderno CRH*, v. 31, n. 84, set.-dez. 2018.

PETRAS, James. Brasil: o capitalismo extrativo e o grande salto para trás. *Tensões Mundiais*, v. 10, n. 18-19, 2014.

POSTONE, Moshe. *Tempo, trabalho e dominação social: uma reinterpretação da teoria crítica de Marx*. São Paulo: Boitempo, 2014.

QUINTAS, José S. (Org.) *Pensando e praticando a educação ambiental na gestão do meio ambiente*. Brasília: Instituto Brasileiro do Meio Ambiente e dos Recursos Naturais Renováveis, 2000.

QUINTAS, José S.; GOMES, Patrício M.; UEMA, Elizabeth E. *Pensando e praticando a educação no processo de gestão ambiental: uma concepção pedagógica e metodológica para a prática da educação ambiental no licenciamento*. Brasília: Instituto Brasileiro do Meio Ambiente e dos Recursos Naturais Renováveis, 2006.

REDE BRASILEIRA DE JUSTIÇA AMBIENTAL. *Manifesto de Lançamento da Rede Brasileira de Justiça Ambiental*. Niterói: 2001. Disponível em: <http://www.mma.gov.br/informma/item/8077-manifesto-de-lan%C3%A7amento-da-rede-brasileira-de-justi%C3%A7a-ambiental.html>. Acesso em: 30 jan. 2019.

REIGOTA, Marcos. *O que é educação ambiental*. São Paulo: Brasiliense, 1994.

SAVIANI, Dermeval. *A pedagogia no Brasil: história e teoria*. Campinas: Autores Associados, 2008.

SOUZA, Vanessa Marcondes de; LOUREIRO, Carlos Frederico B. Povos tradicionais caiçaras, educação escolar e justiça ambiental na península da Juatinga, Paraty-RJ. *Ambiente e Educação*, v. 23, n. 1, 2018.

TANNER, R. Thomas. *Educação ambiental*. São Paulo: Summus, 1978.

TEIXEIRA, Lucas A.; NEVES, Juliana P.; SILVA, F. de P.; TOZONI-REIS, Marília F. de C.; NARDI, R. Referenciais teóricos da pesquisa em educação ambiental em trabalhos acadêmicos. In: VI Encontro Nacional de Ensino de Ciência (Enpec), Florianópolis, 2007. *Anais eletrônicos*. Disponível em: <http://www.nutes.ufrj.br/abrapec/vienpec/CR2/p625.pdf>. Acesso em: 12 fev. 2018.